丽水有掌故

胡建金 编著

浙江工商大学出版社｜杭州

前　言

唐太宗李世民说:"以古为镜,可以知兴替。"

历史是一面镜子,它能折射出社会前进的步伐;历史是最好的教科书,它厚实的积淀能增强我们的文化自信;历史是最好的营养剂,它如甘泉滋养我们的心灵。

丽水是个好地方,历史悠久,人杰地灵。2018年缙云陇东遗址的考古发现,证实了九千多年前人类在这片土地上活动的足迹,颠覆了生活在四千多年前的好川人是丽水最早人类的考古结论,填补了浙江陆地面积最大的地方史前的空白,开启了浙西南大地的文明史。

丽水山水秀丽,风景宜人,是六江之源、华东天然氧吧,被誉为"中国生态第一市"。习近平同志曾称赞它"秀山丽水,天生丽质"!

这里是神仙"居住"的福地,流传着黄帝的传说,是马仙的故乡;这里是民族融合的舞台,景宁是全国唯一的畲族自治县;这里是物产丰饶的宝地,出产的青瓷与茶叶数百年前就漂洋过海;这里是孕育瓯江文化的沃土,流淌着无数动人的故事……这里是人们羡慕的好地方,难怪余秋雨先生说丽水是"中国最美丽的土地"。

丽水地处浙江西南部,八百里瓯江贯穿全境。风与雨的洗礼,火与光的交织,水与土的相融,山与海的碰撞,塑造了丽水人既有山的敦厚质朴,又有海的开放大气的性格。

一方水土养一方人。丽水人勤劳质朴,耕读传家,形成了浙江山区独特的农耕文明,积淀了剑瓷、石雕、廊桥、茶叶制作等独特技艺,凝聚了畲族、黄帝、华侨等特色风情,传承了摄影、巴比松油画等艺术文化,出现了刘伯温、赵与愿、何琬、何执中、管师仁、何澹、胡纮、叶涛、叶義、叶琛、章溢等名臣,卢镗、郑汝壁等名将,叶绍翁、潜说友、张玉娘、郑元祐、吕文英等名家,少康、智威、杜光庭、叶法善等名僧名道……历史上,许多著名人物都与丽水结缘,谢灵运、李白、白居易、孟浩然、方干、段成式、王缙、李邕、李阳冰、杨亿、秦观、陆游、姜夔、范成大、朱熹、宋濂、高明、汤显祖、顾宪成、王阳明、陆陇其、袁枚、姚启圣、郑国鸿等都曾在丽水留下足迹。

乡土历史是我国悠久历史、灿烂文化的一个组成部分,也是一地人民的精神写照,更是爱国主义教育的生动教材。我们只有重视丽水的乡土教育,才能让更多的人了解丽水,热爱家乡,从而以浓厚的乡情和奋发的意气建设家乡。

作为一个丽水人,当我对家乡有所了解的时候,已是不惑之年。

我爱丽水,爱这座千年府城的风雅,爱这里巍巍群山延绵不绝的力量,爱这里一年四季变换的风景,更爱这里千百年来的风云激荡、深厚的历史人文内涵。

因而,近年来,我在繁忙的工作之余,梳理了丽水上下九千年的历史,追溯这片土地上曾经的重要文化事件、重点历史人物,总结提炼重要的人文特征和人文精神。全书以时间为轴,简明扼要地讲述丽水的昨天与今天。原想在介绍丽水人文历史时,力求叙述生动,准确规范,既能深入又要浅出,但由于时间跨度大,史料缺乏,加之本人水平有限,许多史料难以搜罗周全,部分叙述也难免生硬。而作为丽水人的一员,我只希望这些零散的资料,能帮助更多人打开丽水历史之门,从历史传承中,找到文化自信的钥匙,从而凝聚起热爱家乡、建设家乡的磅礴精神力量。

2020 年 11 月 1 日

目　录

第一章

引言：『丽水词语』话今昔

文字是人类文明的基础，也是区分不同民族的标志之一。作为世界上近四分之一人口使用的文字，中文在人类文明进程中发挥着积极作用。千百年来，文字哺育了丽水的文明，丽水人也以自己的智慧不断创造新名词，从而丰富了中国的词语库。

【感冒】

绝大多数人都得过感冒，可你知道"感冒"这个词是怎么来的吗？

源于古代官场，用于当今医学，"感冒"一词的有趣来历却鲜为人知。

在古代中医典籍中"感冒"这个词较为少见，"感冒"一词由"感风"演变而来，最早不是医学名词，而是古代官场的"请假"用语。

话说南宋时，有位太学生叫陈鹄（生卒年不详），他在馆阁中供职。

馆阁就是宋代专门负责保管图书典籍和编修国史等事务的机构，包含负责校理典籍、刊正错谬与修史的昭文馆、集贤院、史馆和掌管宫廷藏书的秘阁、龙图阁。

按规定，这些机构中，每天晚上要留一位官员值夜班，以防图书被盗，如果不能正常值班，就要找理由请假，但请假不得连续超过四天。北宋著名科学家沈括（1031—1095）所著的《梦溪笔谈》中有记载："遇豁宿，例于宿历名位下书：'腹肚不安，免宿。'故馆阁宿历，相传谓之'害肚历'。"

陈鹄是一个喜欢别出心裁的人，有次轮到他值班，他不想跟别人一样将闹肚子作为请假的理由，于是就在请假簿上写了"感风"二字。在《耆旧续闻》一书中，他还调侃说这"感风簿"跟"害肚历"有得一拼，可以称为一副绝妙的对子。

此后"感风"成为流行的请假理由。

"感风"一词与名医陈无择的专著《三因极一病证方论》（简称《三因方》）有关。

陈无择（1131—1189），名言，青田鹤溪（今景宁畲族自治县鹤溪街道）人，生活在北宋末南宋初。他创立病因分类的"三因学说"，将复杂的疾病按照病源分为内因、外因和不内外因三种。外因称"六淫"，即风、寒、暑、湿、燥、火；内因称"七情"，即喜、怒、忧、思、悲、恐、惊。其余的归为不内外因。

陈鹄信手拈来外因之首的"风"字，创造"感风"一词。这一新词从此风靡官场，到了清代，由其演变而来的"感冒"一词才变得更为常用。清代学者俞樾在《茶香室丛钞》一书中说，现在官员请假，都以"感冒"为借口，其实是来源于宋时的"感风簿"的掌故。

陈无择长期居住在温州，行医济世，影响比较大。他的著作《三因方》中收集了一千多个方子，其中不少方子未被此前的医书收集，对研究中医病因病理学和各科临床治疗有较大参考价值。该书在南宋、元、明、清时都有刻本或手抄本流传，至今仍然影响海内外。

由于该医学著作的学术价值，陈无择成为永嘉医派的创始人。

【杜撰】

杜撰是指"没有根据地编造"，与"虚构""臆造""捏造"意思相近。

从字面去理解，"杜撰"就是指姓杜的人所撰，这一词由缙云人杜光庭而来。

明代冯梦龙（1574—1646）的《古今谭概》及清代褚人获（1635—1682）的《坚瓠集》都认为“杜撰”一词与缙云人杜光庭有关。不过，宋代王楙（1151—1213）在《野客丛书·杜撰》中说，北宋诗人杜默（1021—约1089）写的诗有很多都不符合格律，讲故事也不符合实际，因此人们都笑之为“杜撰”。此外还有称“杜撰”一词源于杜田、杜园之说。

《古今谭概》说五代时的杜光庭精通儒、道典籍，他编撰神话故事阐扬道教义旨，其中有一部叫《老子化胡经》，说老子骑着五色神牛从函谷关西渡流沙，先唐玄奘近千年到印度，托生成释迦牟尼。因此，后世把没有事实根据而胡诌的著作叫作“杜撰”。

冯梦龙是明代著名的文学家、思想家、戏曲家，他最有名的作品《喻世明言》《警世通言》《醒世恒言》，与明代凌濛初（1580—1644）的《初刻拍案惊奇》《二刻拍案惊奇》合称“三言两拍”，是中国白话短篇小说的经典作品。冯梦龙在小说、戏曲、民歌、笑话等通俗文学方面的创作、搜集、整理、编辑，为中国文学做出了独特的贡献。冯梦龙曾在与丽水毗邻的宁德市寿宁县担任县令，因此对杜撰的记载，相当可靠。

那么杜光庭究竟是一个什么样的人呢？

杜光庭（850—933），字圣宾，号东瀛子。他生在缙云，长在缙云，唐懿宗时进士考试落第，后到天台山入道，之后随唐僖宗入蜀。

杜光庭精通儒、道典籍。他上承唐代道教注重心性论及玄学之遗风，重构了博大精深的道教哲学理论体系，同时开以清静之心修道的先河，促进了宋代道教理论与实践的发展。

他引用许多故事，借用佛经编撰方法，为道教完善了神系及理论体系。今天大家熟悉的十大洞天、三十六小洞天、七十二福地，都是由他整理出来的。他还对《道德经》做了详尽的诠释。

他现存世的著作有《道德真经广圣义》《广成集》《道教灵验记》《道门科范大全集》《录异记》《神仙感遇传》《墉城集仙录》等,《道藏》收录其著作二十七种两百余卷,其中很多有关神仙怪异的内容都是他编写的。

尽管"杜撰"这个词有胡编乱造之意,但杜光庭所写的东西水准相当高,他是唐末五代道教理论的集大成者,被称为"道门领袖";他的诗也写得好,《全唐诗》中存有一卷他的诗作,散落在他各类作品中的诗歌有一百五十多首;他的小说更在文学史上占有一席之地,《虬髯客传》是他的代表作,也是唐宋传奇小说的经典。鲁迅对其小说评价很高,金庸则认为杜光庭是"中国武侠小说"的鼻祖。

杜光庭对于语言文字的贡献也很大,今天我们熟悉的"金科玉律""三令五申""芒刺在背"等成语,都是从他的文章中演化而来的,难怪当时称杜光庭"词林万叶,学海千寻,扶宗立教,天下第一"。

【"只鸡樽酒"与"斗酒只鸡"】

"只鸡樽酒"的含义是指简单的酒菜,也指菲薄的祭品,与"斗酒只鸡"的意思是一样的。

这两个成语都与丽水人有关,分别来自叶绍翁(1194—?)所著的《四朝闻见录·胡纮》和文天祥(1236—1283)的《国子司业仲常陈公墓志铭》。

《四朝闻见录·胡纮》载:"此非人情,只鸡樽酒,山中未为乏也。"《宋史·胡纮传》也引用了此记载。

两书中讲的是南宋名臣、庆元人胡纮(1137—1204)与朱熹(1130—1200)的一段往事:胡纮曾经专程到福建武夷山拜访朱熹,朱熹让胡纮与学生一样吃糙米饭,胡纮不悦,两人由此生怨,这为日后胡纮弹劾朱熹与赵汝愚(1140—1196),助推"庆元党禁"做了铺垫,从而塑造了胡纮小肚鸡肠、公报私仇的形象。

胡纮是土生土长的庆元人。随着2014年胡纮墓的考古挖掘,大量的历史文物出土,历史的真实面目得到还原,让人们更加完整地了解胡纮是一个什么样的人。

胡纮是一位才华出众的能臣。他精通经史,先后任职绍兴县学与建康府学,参与编校钱端礼的《诸史提要》,担任左右史兼玉牒检讨、实录院修撰,就连与他有隙的朱熹也说他"颇识得文字"。受"庆元党禁"牵连被罢职的叶绍翁,在《四朝闻见录》中认为胡纮文学造诣极高,时人评价他的文章可以与"唐宋八大家"之一的柳宗元媲美;胡纮还提领了《统天历》的编纂,这本历书计算出一年三百六十五天的长度,比西方早了好几百年;胡纮在担任鄱阳知县时曾获得县级官员考核第一名;他出使过日本,曾担任过工部、礼部和吏部侍郎。这些工作履历,足以说明其才华出众。

胡纮是一位品行端正的官员。他二十六岁中进士,十三年后依然是一个九品小吏,直到六十岁前他还是七品以下官员,这与其忠直敢言,不刻意投靠一方有很大的关系。花甲之年的他得到宰相京镗的赏识,才得以发挥才能担任要职。他一生勤恳,务实清廉,具有良好的家风,儿子受他影响,坚守居官清白家训,秉承"一介不取"教诲,虽官至朝散大夫却两袖清风,在四川任上因劳累过度辞世后竟连灵柩也无钱运回,家人向当地富商借资才得以魂归故里。

胡纮是一位为国为民的公仆。在朝四十年,他鞠躬尽瘁,六十三岁时还千里迢迢西入重庆,南下广东,直到生命最后的关头,才告老还乡。胡纮非常热爱家乡,庆元县就是在他的帮助下设立的,所以庆元人一直感念这位有着强烈家乡情怀的"置县功臣"。

/ 胡纮墓(上)和胡纮墓部分出土文物(下)

这样的一个人物,《宋史》里为什么会把他写得如此不堪呢?

这是因为他与朱熹之间的恩怨。以他为主的一批人"炮轰"朱熹,从而引起"庆元党禁"。

《宋史》记载,赵汝愚被撤丞相之职后,不少官员愤懑不平。韩侂胄(1152—1207)担心赵汝愚的门徒及朱熹之徒多为名士,不利于自己,就想全部除去,于是将他们打为"伪学"。据《宋史》记载,监察御史沈继祖弹劾朱熹的文稿,原来是胡纮写的,由于他改任太常少卿,所以就将文稿给了沈继祖。

即便是如书所记沈继祖的稿原本是胡纮准备自己弹劾朱熹所用,此时他还是一位从七品的官员,竟敢向当时门徒众多,影响力极盛的朱熹叫板,这种不畏强权的精神,岂不很可贵吗? 胡纮还弹劾过宰相赵汝愚,如果不是刚正不阿、敢作敢为的人断然是不敢这么干的。

监察御史掌管监察百官、巡视郡县、纠正刑狱、肃整朝仪等事务。宋时可以"闻风言事",弹劾百官和向朝廷建言是监察御史的职责,作为言官,监督弹劾官员是他分内之事,仅仅是政见之不同,并没有道德上的问题。他弹劾的内容并非信口开河,朱熹对此并没否认,而是照单全收。胡纮这样的大儒,又怎么可能心胸如此之狭窄,为了一只鸡、一杯酒而记恨朱熹?

《宋史》中认为,胡纮弹劾朱熹,是受韩侂胄指使的。《宋史》将韩侂胄与蔡京、秦桧同列奸臣,那么,韩侂胄算不算是奸臣呢?

韩侂胄是宁宗朝宰相,任内追封岳飞为鄂王,追夺秦桧官爵,力主北伐抗金,因将帅乏人而功亏一篑。后在金国示意下,被杨皇后和史弥远设计所害,死后头颅还被砍下用盒子装起来送给金国。韩侂胄因禁绝朱熹之学与贬谪宗室赵汝愚,故被理学家视为奸臣,有失公允。

据史书记载,韩侂胄人头被献给金国,清醒的金人却赠他"忠谬侯"的谥号,并厚葬之。由此可以推想,在南宋朝廷之下,所谓的忠臣、奸臣的评价已经黑白颠倒。

但由于得罪当时一批学人,以至于接受朱熹衣钵的门徒们在编撰史书时,对胡纮等人的评价不高是情理之中的事。

为此还产生了"架造"这一新词,意思是指人为地造成(某种局面),见《四朝闻见录》:"于是胡纮、刘德秀等且架造险语,欲株陷良人,人人惶恐不自保。"

"斗酒只鸡"一词与"只鸡樽酒"意思大致相同,是文天祥在青田创造的。

《国子司业仲常陈公墓志铭》中说:"柔兆困敦夏五月,天祥浮海由东瓯过青田,溯石门洞西,赴唁同榜陈仲常先生,适其子方营窆岁事,余乃具斗酒只鸡,哭于其墓曰:……"

墓主人陈仲常(生卒年不详),名墅,青田雄溪人(今丽水市青田县高市乡石门洞附近),是南宋宝祐四年(1256)文天祥的同榜进士。他先后任舒城县尉、司理、参军、县令、通判,死前任国子司业。

写墓志铭的是文天祥。大家对他的《过零丁洋》耳熟能详:

> 辛苦遭逢起一经,干戈寥落四周星。
> 山河破碎风飘絮,身世浮沉雨打萍。
> 惶恐滩头说惶恐,零丁洋里叹零丁。
> 人生自古谁无死?留取丹心照汗青。

诗中最后两句,震撼人心,成为千古名句。

文天祥是江西省吉安市人,是南宋最后一位状元,作为抗元名臣,文天祥与陆秀夫、张世杰并称为"宋末三杰"。

/《胡纮墓志》碑拓

文天祥有着强烈报国心却生不逢时,南宋宝祐四年,二十岁的他考中状元。后来在担任军器监兼权直学士院时,因草拟诏书有讥讽权相贾似道的话而被罢官。

这时的南宋,奸臣当道,已是岌岌可危。

南宋德祐元年(1275),元军沿长江东下,文天祥倾其所有,将家产全部充作军费,招了五万人组成勤王队伍守卫临安(今浙江杭州)。

次年正月,文天祥担任临安知府。没多久,宋军大败。朝廷继续任命文天祥为枢密使,不久又让他担任右丞相兼枢密使,并奉命同元军议和,因面斥元朝丞相伯颜被拘留,在押解北上途中逃了回来。

当年五月,文天祥被元军俘虏,他逃回后从高邮泛海坐船至温州,溯瓯江,至青田。

文天祥从温州到青田石门洞边的雄溪时,本想找同科的老友陈仲常支持他一起抗元,但没想到斯人已去,刚好碰上陈家公子正张罗父亲入土之事,于是访友变为吊唁,他写下了《国子司业仲常陈公墓志铭》与《司业塈公像赞》。

《国子司业仲常陈公墓志铭》与其他墓志铭不同的是,铭文中并不是单独介绍陈仲常,而是深情地回顾了作者与他同朝为官的情谊,高度评价陈仲常忠君爱国的品格,也表达文天祥鞠躬尽瘁、精忠报国的赤子之心,墓志铭全文如下:

国子司业仲常陈公墓志铭

文天祥

柔兆困敦夏五月,天祥浮海由东瓯过青田,溯石门洞西,赴唁同

榜陈仲常先生,适其子方营窀穸事,余乃具斗酒只鸡,哭于其墓曰:

仲常！尔胡独先予而逝耶？畴昔在京邸论及时事，尔辄抚膺太息，忠义之气溢于辞色，凛然不可少摧。群僚果赤心尽如吾仲常，虽国势日促，而中流多砥柱，亦将必回狂澜于既倒也。於戏仲常！尔胡独先予而逝也！

予亦知尔之逝，非为二竖之故，大抵目击时艰，忧愤抑郁，以致肺腑焦枯，遂厥疾之不复起也。

於戏仲常！予无能，不克维持国脉，徒抱恨苦衷，两置明君，无如贼势猖獗，逼扰京师，予曾被执之而去，此时已早办一死矣。转复心怀故主，因而亡归，希再集兵勤王，扫清海宇，何天之不可挽顾如斯耶！迤来泛波涛，经险阻，鞠躬尽瘁，备尝辛楚，未卜将来死于何所！呜呼仲常！予生受流离困苦，莫保其后，孰若尔之得全首领哉！今夫仲常虽死，其忠君爱国之心，予固知之孰矣，因略述其概，以为铭。

仲常讳塈，官国子司业，配王氏，男二：长天儒，次天民。

时大宋景炎元年夏五月初八日，状元及第、右丞相、签枢密院正使兼督诸路军务年弟文天祥拜撰。

这篇墓志铭中创造的新名词"斗酒只鸡"，与其相隔数十年前的另一词"只鸡樽酒"如同姊妹一般，进入了汉语的词语库中。

【其他"丽水词语"】

"名存实亡"的意思是名义上还存在，实际上已消亡。这一成语出自韩愈的《处州孔子庙碑》："郡邑皆有孔子庙，或不能修事，虽设博士弟子，或役于有司，名存实亡。"意思是天下的州郡基本上都建有孔庙，但大多都没法正常运转,有的虽有老师与学生,但基本上都被官吏拉去干其他活了,因此孔庙名义上存在,但实际上已消亡。

"重赏之下,必有勇夫",语出刘基《百战奇略·赏战》:"凡高城深池,矢石繁下,士卒争先登,白刃始合,士卒争先赴者,必诱之以重赏,则敌无不克焉。法曰:'重赏之下,必有勇夫。'"

"芒刺在躬",语出杜光庭《杨鼎校书本命醮词》:"常怀再造之恩,未答自天之泽,兢忧度日,芒刺在躬。"

"金玉其外,败絮其中",语出刘基《诚意伯集·卖柑者言》:"观其坐高堂,骑大马,醉醇醴而饮肥鲜者,孰不巍巍乎可畏,赫赫乎可象也,又何往而不金玉其外,败絮其中也哉!"

"脉脉含情",语出刘基《尉迟杯·水仙花》:"空将泪滴珠玑,脉脉含情无语。"

"花阶柳市",语出刘基《诚意伯次子阁门使刘仲璟遇恩录》:"你每小舍人年纪少,莫要花阶柳市去。"

"春去秋来",语出刘基《大堤曲》:"春去秋来年复年,生歌死哭长相守。"

"莫可名状",语出刘基《松风阁记》:"草虫鸣切切,乍大乍小,若远若近,莫可名状。"

此外,还有一些不常用的词语,也是出自杜光庭、刘基等丽水人的作品,如不衫不履、戴清履浊、十雨五风、驹窗电逝、比屋可封、兵销革偃、冥漠之都、蜂合蚁聚、扶危持颠、万夫一力、举手相庆、力倍功半、渺渺茫茫、济弱扶倾、庙堂之器、残羹冷饭、狗偷鼠窃、虎略龙韬、轩鹤冠猴、强食弱肉、山枯石死、池鱼幕燕、碎瓦颓垣、无间可乘、蜂合豕突、兴灭举废、矜牙舞爪、笃信好古、殊形诡色、歌楼舞馆、大肆厥辞、蹈厉之志、百废咸举、北辕适粤、饭糗茹蔬、祸稔恶积、潜形谲迹、神逝魄夺、束橼为柱、星移漏转、以紫为朱、造恶不悛、化铁为金、坐糜廪粟、穷荒绝徼、弦而鼓之、乘虚以入……

"感冒""杜撰""只鸡樽酒""名存实亡"……这些词语，都是来自丽水人的著作或是文人写于丽水的作品，是中华文化中丽水元素的微观体现。可以说，丽水文化是我们中华灿烂文化不可分割的一部分，丽水的历史，也是我们中国历史的重要组成部分。

/ 丽水城市风光（程昌福 摄）

第二章

史前文明：实证处州岁月悠久

在时间长河中,历史的真相,只有大浪淘沙后,才能看得清楚。

丽水大地有多处零星发现过一些石斧、箭镞和陶器,虽然可以断定这些物品是旧石器时代和新石器时代的早期丽水人类留下的,但光凭它们,无法确证最早的丽水人类所处的时间。

浙江文明源远流长、历史悠久,上山文化遗址、跨湖桥文化遗址、河姆渡文化遗址、良渚文化遗址等考古发掘,为浙江新石器时代的发展传承梳理出一条线索。而丽水好川文化、陇东文化遗址的考古发现,也把丽水早期人类的生活轨迹与浙江省拉到同一个时间水平线上。

第一节　好川文化

如果不是1997年那一次考古发现,没有人的目光会被浙西南一个小小的村庄所吸引。

好川村位于遂昌县三仁畲族乡,好川文化的发现过程与陕西西安的秦始皇兵马俑相似,都是农民无意中发掘出来的。

1997年3月,好川村民在岭头岗实施茶园改造水田工程,推土机在作业时挖出了一些黑色陶片,村民赶紧上报,这一小小举动,为揭开一个埋藏地底四千年的历史秘密立下了功劳。

经过两个多月的考古发掘,八十座古墓葬中出土了陶器、石器、玉器、漆器等文物一千零二十九件(组),好川墓群这一堆瓶瓶罐罐和玉石见证了这里四千年前后丽水的人类生活。

好川文化在距今四千年前后,是浙江省继河姆渡文化、马家浜文化、良渚文化之后确立的又一处考古学文化遗迹,是浙西南地区史前考古发掘研究的重大突破,填补了浙西南地区无史前文明的空白。这一考古发掘获1997年度全国十大考古新发现评选提名。

中国的远古神话时期在约一万年至四千年前,那时的部落首领有伏羲、女娲、燧人氏、有巢、神农、夸父、蚩尤等;约公元前30世纪到约公元前21世纪初前为黄帝、颛顼、帝喾、尧、舜等五帝统治时期;约在公元前2070年,中国进入了奴隶制社会。

夏朝是中国第一个世袭制朝代,约在新石器时代晚期、青铜时代初期。夏末商初和良渚晚期,恰好是好川人所处的时代。良渚古城是中华五千年文明的圣地,四千二百年前的良渚古城还非常繁华,而在距今约四千年前良渚人就突然消失了。过去专家认为,良渚人是越过钱塘江往北而去了。好川墓群的发掘,说明还有一部分良渚人往南,到了丽水。

从考古现场来看,好川文化时期的古丽水人已有非常明显的等级差别,贵族与平民,无论就财富与地位而言都泾渭分明。

考古发掘的贵族墓与平民墓高低不同,大小不一,墓坑从十二平方米到两平方米不等,大的墓坑在高处,小的墓坑在矮处。

从随葬品来看,有的大墓中玉器、石器、漆器、陶器齐全,数量丰富,制作精美,墓均十三件,其中玉钺、柄形玉器、陶鬶、陶盉等是象征身份地位和用于

/ 好川村(上)和好川墓群(下)

/ 好川墓群出土的文物

祭祀的礼器。有的墓随葬品少，除个别日用陶器外，绝大多数是制作粗糙的冥器，四分之一的墓葬无一玉器发现。

第二节　陇东文化

在陇东旧址发现之前，丽水似乎与中华五千年文明不在同一个时间轨道上，人们总将四千年前的好川时期当作丽水文明的源头。

推翻好川人是丽水地区最早的人类这一学术推论是在好川文化考古发现二十年之后的 2017 年。

2017 年 2 月，缙云县壶镇陇东村的一位村民在村边工地里发现了一些陶片，他第一时间联系了有关部门。经浙江省文物考古研究所专家实地勘察并报请国家文物局批准，2018 年 3 月至 5 月，由浙江省文物考古研究所、缙云县博物馆对陇东遗址进行了抢救性发掘。六十五座灰坑、八条灰沟、二十三处柱洞，共同呈现了陇东遗址以良渚时期和商代堆积为主的文化遗迹，发掘出的文物有良渚时期的罐、豆、壶以及各类鼎足器物，商代的印纹硬陶残片、石镞等，以及上山时期的夹炭红衣陶片。采集品中的平底盘残片、陶罐口沿、大口盆腹部残片、羼合稻壳的陶块以及石球、磨石等，都证明了这里非同寻常。

经过考古专家们的认真研究，发现陇东遗址包含上山、良渚、钱山漾、好川、商代、西晋和宋代等几个历史时期的堆积，跨越时间非常长，其中距今最早的约为九千年前。

一个地方从九千年前开始就一直有人类居住，延续至今，甚是罕见。

通过发掘可以肯定，陇东遗址是迄今为止丽水地区发现的最早的人类

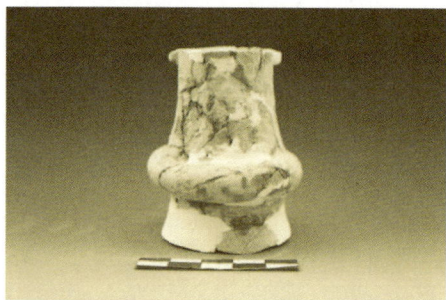

/ 陇东遗址出土的文物

聚落。这一考古新发现，将丽水文明史整整往前推了五千年。

　　考古发现，只有逗号，没有句号，它永远在路上。就陇东遗址的发现而言，很难盖棺论定地认为他们就是丽水最早的人类。中国的早期人类——元谋人、蓝田人、北京人，离我们那么久远，难道浙西南一直都处于蛮荒么？或许，在浙西南地底下藏着的秘密，只有待时间慢慢去揭开。

　　历史总是在不断发现中逐步接近真实，漫漫的历史长河中，除了正史、野史的记载之外，能给后人极大参考价值的，大多埋在地下。不管怎么说，陇东旧址的考古发现，着实让丽水再长了五千岁。

/ 陇东遗址发掘现场

第三章

神话传说：解开处州远古之谜

丽水是一个有故事的地方，处州（丽水的古称）大地如诗如画，也流传着许许多多精彩的故事。从这些故事中，我们可以看到丽水远古历史的影子。

第一节 黄帝飞升鼎湖峰

到丽水旅游，缙云仙都风景名胜区是必去的地方，它是丽水最古老的景点。

仙都山，古称缙云山，与黄山、庐山并列为轩辕黄帝的三大行宫。

鼎湖峰，又叫玉柱峰，是仙都自然景观的精华，它状如春笋，直插云天，被誉为"天下第一峰""天下第一笋"。鼎湖峰高约一百七十米，底部面积约为二千七百八十七平方米，顶部面积约为七百一十平方米，顶上有常年不干的湖水，故称鼎湖。

《道书》将仙都列为第二十九洞天，《唐六典》将仙都山（缙云山）列为十道名山之一。

黄帝与仙都的传说，早早就出现在古人的诗作之中。唐代大诗人白居易诗云：

黄帝旌旗去不回，

空余片石碧崔嵬。

有时风激鼎湖浪，

散作晴天雨点来。

不过，关于这首诗的作者是谁，尚有争议。有人认为此诗是另外一位唐代诗人——浙江睦州（今杭州建德）人徐凝写的。不管作者是谁，这首诗都是描写仙都诗歌中的上乘之作，既写出了鼎湖峰的伟岸，也道出了黄帝的传说。

南宋温州籍状元王十朋在游览完缙云仙都后，写下"厌看西湖看鼎湖"的诗句，是生活在京城的官员们寄情仙都山水的最好写照。游历仙都，在人们欣赏历代文人墨客的吟诵之余，关于黄帝飞升的传说，也是被津津乐道的话题。

黄帝飞升的故事什么时候流传开来已无从考证，但位于鼎湖峰下的黄帝祠宇是中国南方祭祀朝拜轩辕黄帝的重要场所，与陕西黄陵遥相呼应，形成"北陵南祠"的格局，这足以说明仙都的影响力。

黄帝飞升的故事在《史记》里记载得明明白白："黄帝采首山铜，铸鼎于荆山下，鼎既成，有龙垂胡髯下迎黄帝。黄帝上骑，群臣后宫从上者七十余人，龙乃上去。余小臣不得上，乃悉持龙髯，龙髯拔，堕黄帝之弓。"

《史记》把黄帝飞升的情形描写得十分逼真，说明生活于汉代的司马迁也听说过这个故事，但关于黄帝飞升的记载与缙云似乎并不着边。

文中记载的"首山"位于河南襄城县南五里处，为八百里伏牛山之首，故名首山，相传为天下八大名山之一。

我国共有五座荆山，分别在湖北省南漳县西部，陕西省阎良区、三原县、富平县三地交界处，河南省灵宝市阌乡南，安徽省怀远县西南，甘肃省灵台县。

/ 缙云仙都风景名胜区（吴品禾 摄）

这五座荆山中，最为出名的是湖北的荆山，在郦道元的《水经注》和王粲的《登楼赋》中都曾出现过。河南省灵宝市曾出土过唐代人所写的碑，说那曾是黄帝飞升之处。

《史记·封禅书》中说："百姓仰望黄帝既上天，乃抱其弓与龙胡髯号，故后世因名其处曰鼎湖，其弓曰乌号。"

在缙云，很久之前就有黄帝炼丹的传说。东晋时的永嘉太守谢灵运在《名山记》（一说为《永嘉记》）中这样描述黄帝与鼎湖峰的关系："古老云：黄帝尝炼丹于此。""凡此诸山多龙须草，以为攀龙而坠，化为此草。又有孤石从地特起，高三百丈，以临水绵连数千峰，或似羊角之状。"

从谢灵运的记载来看，在晋代之前缙云就有黄帝飞升的传说了，缙云的龙须草便是黄帝飞天时遗落的龙须所化。

那么司马迁所写的鼎湖到底在哪里呢？目前全国各地叫鼎湖的地方，的确极少。

据说道历的纪年就是从黄帝在鼎湖升仙开始计算的，那一年为公元前2697年，道历将它作为纪年的开始。

黄帝升天的神话流传了数千年，异常精彩，说明道教文化几千前就在丽水大地上流传。

黄帝飞升鼎湖峰的故事来源无处可考，但"缙云"一词，却大有来历。"缙云"最早见于《左传·文公十八年》："缙云氏有不才子，贪于饮食，冒于货贿，侵欲崇侈，不可盈厌，聚敛积实，不知纪极，不分孤寡，不恤穷匮，天下之民以比'三凶'，谓之饕餮。"

这短短的五十一个字，从八个方面来形容缙云氏的儿子是极其差劲的人物。

传说轩辕黄帝大战蚩尤，蚩尤被斩，其首落地后化为饕餮。

《左传》中记载被流放的"四凶"分别为帝鸿氏、少昊氏、颛顼氏、缙云氏的儿子,看来他们都与蚩尤一样,是与当局步调十分不一致的反派人物,因此被不断丑化。

缙为赤色之帛,"缙云"原本的意思是指红彤彤的云彩,这一非常古老的词语,内涵非常丰富。

缙云是一个与帝鸿、少昊等一样古老的氏族。《史记集解》曰:"缙云氏,姜姓也,炎帝之苗裔。"《史记正义》说:"今括州缙云县,盖其所封也。书云缙,赤缯也。"由此可见,缙云历史非常久远。

缙云也是黄帝的号。黄帝为有熊国君,号有熊氏,也叫缙云氏、帝鸿氏、帝轩氏。

缙云还是黄帝时期的官名。黄帝以云纪事。春官为青云,夏官为缙云,秋官为白云,冬官为黑云,中官为黄云。缙云县城所在地五云镇之名,也取之于此。

第二节　欧冶子铸剑龙泉

龙泉宝剑、青瓷与青田石雕并称"丽水三宝"。过去,其中知名度最高的是龙泉宝剑。

龙泉宝剑有坚韧锋利、刚柔相济、寒光逼人、纹饰精美的特色,可龙泉剑为什么会被称为宝剑呢?

在古时,佩带宝剑是一种身份的象征,皇帝赐给大臣尚方宝剑,用的就是龙泉剑,所以才有"龙泉宝剑"之称。由于宝剑短小轻巧,容易携带,身佩龙泉剑也成为文人们追求的时尚,李白就有"宁知草间人,腰下有龙泉"的诗句。

/ 七星井

唐代宋之问《送别杜审言》中"可惜龙泉剑,流落在丰城",清代秋瑾"休言女子非英物,夜夜龙泉壁上鸣"的诗句,都说明了龙泉剑影响之大。抗战期间,淞沪会战后,沪杭等地商贾和省级机构人员纷纷内迁龙泉,商贾士绅手持龙泉手杖剑成为时尚,这种剑有个洋名叫"司的克"(stick)。

龙泉铸剑历史悠久,相传春秋战国时期的欧冶子就曾在此铸剑,现在的七星井就是他铸剑的遗址。

史书记载,欧冶子曾为越王允常、勾践和楚昭王铸剑。欧冶子为越王铸了湛卢、纯钧、胜邪、鱼肠、巨阙五剑,他是人们公认的铸剑鼻祖。

欧冶子是何许人也? 一说是宁波人,也有一说是福州人。福州古称冶城,相传福州市北的冶山和欧冶池,都是欧冶子铸剑的地方。还有人认为他是生活在瓯江流域的古代闽族匠人。他的子孙多为能工巧匠,汉代在温州市平阳县、苍南县一带聚族而居,形成望族。

之所以相传欧冶子在龙泉铸剑,依据是《越绝书》和《百越先贤志》中关于欧冶子的记载。楚王命令风胡子到越地寻找欧冶子,请他铸剑。于是受托的欧冶子走遍江南名山大川,最后"凿茨山,泄其溪,取山中铁英,作剑三枚,曰'龙渊''泰阿''工布'"。

茨山到底在哪,暂无资料可寻,龙泉目前并未发现有叫茨山的地方。欧冶子所铸的剑名为龙渊,过去龙泉也叫龙渊,这是欧冶子与龙泉最直接的联系。

在工业发达的今天,铸剑相对简单,而在数千年前,铸剑是一项耗时非常长的大工作。春秋战国时期,铁器替代了青铜器在各类生产中的应用。欧冶子铸的是铁剑,流程极其烦琐,铁英(即铁砂)炼成铁,先要找矿、挖矿、选矿、炼矿,须经千锤百炼多次磨砺才能铸成铁剑。欧冶子铸剑,必定有一个强大的团队,除了核心成员,大多数工人可能都来自龙泉,他们长年累月跟随欧冶子,对生产过程耳濡目染,久而久之,也就学会了铸剑技术。

　　但令人生疑的是,历史上关于龙泉生产宝剑的记载非常少。最早记录欧冶子在龙泉铸剑是明代的《龙泉县志》,或许这与古代朝廷禁止民间生产兵器有关。《秦律》明文规定:天下兵器,不得私藏。

　　欧冶子在龙泉铸剑,开启了丽水最早的制造业,确切讲是冶炼业,这种火与土的交融,渐渐地为后来的制瓷业发展,奠定了一定的技术基础。

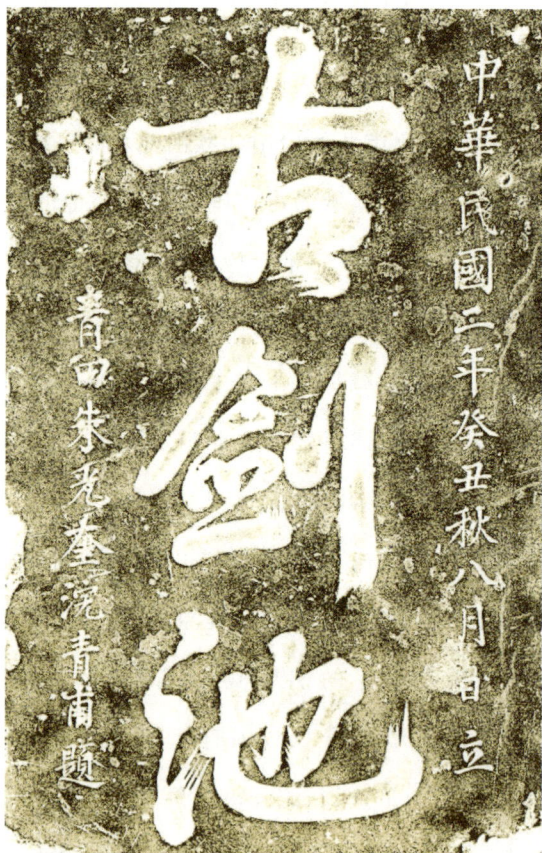

/ 中华民国二年(1913)立古剑池碑

第四章

春秋至秦汉：丽、温、台为东瓯国

约公元前 2070 年到约公元前 1600 年的夏朝，从禹传位于启开始，原始部落的禅让制被世袭制所代替，从而开创了中国近四千年权力交接的先河，这种既定的皇权继承方式，使得权力在家族内部封闭式传承，以全新的秩序加强了中央集权。经过商朝与周朝的发展，奴隶社会进入鼎盛时期，形成了中原文明。而这一时期，长江流域也快速发展。

第一节　东瓯建国

春秋战国时期，列国纷争。这一时期的丽水，虽然还没形成独立的行政区域，但也已经开始崭露头角，与温州、台州同为东瓯国。

温州市鹿城区的五马街道上有一座 2013 年重建的东瓯王庙，它始建于明成化十三年（1477），是一座用来纪念东瓯王驺摇的文化建筑，也是东瓯国影响力的见证。

公元前 473 年，勾践灭吴称霸，吴越争霸以此告终。越国国土面积进一步增加，于是越王仿照周朝的体制，依据父兄昆弟，封功臣部族为诸侯王。

/ 东瓯王庙（郑鹏 摄）

据《越绝书》记载，当时封有瓯王、摇王、干王、荆王、糜王、宋王等。越王勾践赐远宗东瓯公族同辈兄弟仲余为公爵，封瓯王，领瓯地。瓯王的封地，大致包含现在的丽水、温州、台州三市。在处州正式成为一个州之前的漫长时间里，丽水是瓯越的一部分。温州自古称为东瓯，并延续至今。

过去这一区域，为何以瓯相称呢？可能是过去这一带，是陶器生产的重要区域的缘故。

瓯在中国古代是指酒器，也是古人对陶瓷的简称。《说文解字》中说："瓯，小盆也。"《南齐书·谢超宗传》有"超宗既坐，饮酒数瓯"的记载，西晋杜毓《荈赋》记载说"器择陶拣，出自东瓯"。

东瓯地处沿海，《山海经》称"瓯在海中"，因而也形成了当地独特的人文风情。《逸周书》中也有关于"瓯"的记载："东越海蛤，瓯人蝉蛇。""且瓯文蜃。"

《史记·赵世家第十三》中讲道："夫翦发文身，错臂左衽，瓯越之民也。"

第二节　烽火不断

越王无疆在位时，越国欲效法列国征伐中原，于是发兵向北攻打齐国。齐威王派遣使者前往越国，说楚国分兵与列国打仗，国内空虚，以此为由骗越国西征楚国。

越王无疆头脑比较简单，一听使者的游说，以为是好计谋，于是转头讨伐楚国，然而此举正中楚威王下怀。

楚威王早有灭越之心，曾派大臣昭滑到越国调查了五年之久。这次越国主动挑起战事，他恰好可以打着正义之师的幌子迎战越国军队。楚国准备充分，大败越军，还杀死了越王无疆。

/ 战国时期的青铜剑（上）和战国时期的印花布纹陶罐（下）

/ 战国时期的原始瓷双耳瓿

无疆之死事出突然,由于他生前未确定王位继承人,导致两个儿子无诸和摇都以正统自居,纷纷建国。

秦始皇统一六国后实现郡县制。公元前219年,秦始皇集七国兵力,号称五十万大军,发动对百越诸部的南征。秦军分为五路,其中一路攻打东瓯与闽越,当年就铲平了两国。他废除了第七世东瓯王摇及当时的闽越王无诸的王位,都降为君长,两个地方合成闽中郡。闽、越之地距秦都十万八千里,所以秦虽置郡,却仍然为摇和无诸所占据,秦也拿他们没办法。但秦国的所作所为,令两位原来的国君怀恨在心。

秦二世元年(公元前209),陈胜、吴广起义,六国贵族纷纷起兵响应,摇与无诸率领队伍跟随鄱阳县令吴芮反秦。

秦王朝灭亡后,项羽封吴芮为衡山王,因之前楚、越两国曾发生过大战,矛盾重重,项羽担心闽越强大对楚国不利,因此故意打压无诸和摇,不再封无诸为王,而摇仅被封为都尉。

项羽的狭隘使无诸与摇十分不满,也使他付出沉重的代价。在随后"楚汉战争"的关键时刻,项羽引兵垓下时,无诸、摇在阵前倒戈投向刘邦阵营,协助刘邦灭了项羽。

公元前202年,刘邦封无诸为闽越王。两年后,摇受封为"海阳齐信侯",时称"闽君"或"闽越君"。

公元前196年,刘邦划闽南国与南越国交界处一部分土地,成立东越国,分封越王后裔,摇为东越王。

汉惠帝三年(公元前192),汉廷讨论立国之时瓯越的功劳,于是正式晋封摇为东海王,世称东瓯王。自此摇重建了东瓯国,成为瓯越中兴之祖。

第三节 东瓯灭国

汉景帝前元三年(公元前154)二月，吴王刘濞联合多位诸侯王发动叛乱，史称"七国之乱"，当时的东瓯王也举兵参与其中。

据《史记·东越列传》记载，吴王刘濞被太尉周亚夫与大将军窦婴在丹徒击败后投奔东瓯国，汉廷密使游说东瓯王，于是东瓯王的弟弟夷乌将军趁劳军之际杀了刘濞，此举将功折罪，保全了瓯越，事后东瓯王被封为"彭泽王"，夷乌将军被封为"平都王"。

刘濞之子子华、子驹逃到闽越国后，怨恨东瓯王杀了他父亲，屡屡怂恿闽越攻击东瓯。

汉武帝建元三年(公元前138)，闽越发兵攻打东瓯国。东瓯王受困，弹尽粮绝，无奈之下只得派人向汉廷告急求救。

当时还有个细节，就是朝廷要不要派兵支援，太尉田蚡与中大夫庄助的意见不一。田蚡认为，闽越两国反复无常，兵戎相见是经常的事，没必要去为他们劳师动众，秦时就放弃了这两个属国。而庄助则认为，秦时是没能力去管理，现在东瓯这种小国家因为危急来求皇上，如果皇上见死不救，又怎么能统领天下呢？汉武帝想了一个两全的办法，朝廷并不派出精锐力量，而是命会稽郡出兵救援，"浮海救东瓯"，也就是说走水路赴东瓯国，闽越王听到援军前来的消息便赶紧撤军。

东瓯国自知无法抵抗闽越王的不断侵扰，只得请求汉廷夺去他的王位，准其"举国徙中国"。得到许可后，末代东瓯王驺望被降封为"广武侯"，他率领宗族及部众四万余人北迁，经过数年的时间，终于迁移到江淮一带的庐江郡(今安徽巢湖),东瓯国从此覆灭。但部分瓯越人仍居住于王国故地,还有不少人为避战乱迁徙至周边东海各岛。空虚的东瓯国之地旋即为闽越王所占据。

元封元年(公元前110),汉武帝派兵灭了闽越,便把原来东瓯和闽越之地都并入了会稽郡。

汉昭帝始元二年(公元前85),汉朝将鄞县南部的回浦乡升格为回浦县,属会稽郡,并将东瓯旧地划入回浦县,所辖之地包括今天的台州、温州、丽水及福建北部的一部分。东汉光武帝建武元年(25),改回浦县为章安县。

可以说,从春秋战国至汉代,丽水、温州、台州是一个整体。

第五章

东汉末年：松阳、遂昌已建县

春秋战国时期，南方经济不断发展。这时的处州大地，经济、文化都有一定的发展。

西汉初年，朝廷实施了休养生息的政策，经济快速发展，出现了"文景之治"的盛世景象。东汉的光武帝也进行了改革，"光武中兴"再次推动经济向前发展。江浙一带经济发展迅速，区域管理越来越细化。汉代的丽水，最具标志性的事件，就是东汉末年松阳与遂昌的建县。

松阳与遂昌毗邻，两县县治所在地古市与妙高相隔仅二十公里左右，两县建县时间相隔二十年，在如此近的时间与空间内分设两个县，足以说明当时生产力得到了极大发展。

第一节　松阳：县长被斩印证置县历史

松阳的历史，最早是因为永宁（今浙江温州）长贺齐手起刀落，将松阳长丁蕃斩了，这才引出相关的记载。

《三国志·吴书十五》有一段这样的记载："齐以为贼众兵少，深入无继，恐为所断，令松阳长丁蕃留备余汗。蕃本与齐邻城，耻见部伍，辞不肯留。

齐乃斩蕃,于是军中震栗,无不用命。"

建安八年(203),建安、汉兴、南平等地再次发生叛乱,朝廷让会稽郡将它属县的五千士兵集中到一起,交由永宁长贺齐统领。在攻打汉兴时,经过余汗,贺齐怕贼多兵少,长驱直入容易造成后路被断,于是就命令松阳长丁蕃率领部分士兵留守。松阳长丁蕃原本就不高兴由一个与他平级的县令来领导他,就坚决不肯听从指挥留守余汗。贺齐大怒,于是杀鸡儆猴,直接将他斩于军中。

这个事件是中国史书最早关于处州官员的记载,也证明了当时松阳县的存在。

松阳的县名是怎么来的呢?《吴地志》说县城东南临大溪有松树,大八十一围,腹中空,可容三十人坐,因此得名。

这段文字,我认为不太可信。一是松木空心的情况并不多;二是哪怕一围按半米计算,那这树的直径达四十米有余,真有那么大的松树吗?

我认为《旧唐书》的记载更为靠谱些,书中说县城东南有"大阳及松树"。明代的《郡县释名》中说,松阳地处长松山之南,故名松阳。

《吴录》中说,因为那里松树与杨树特多,因此就叫松杨,后演化为松阳。

这些记载大同小异,都说松阳的取名与松树有关。瓯江上游松阳段也叫松阴溪。

关于松阳县始建于哪一年,史书记载不一,似乎还是一个值得探讨的学术性问题。有兴平二年(195)立、建安元年(196)立、建安四年(199)立、建安八年(203)立、三国时立几种说法。

从三国志的记载来看,肯定是在建安八年之前。现在普遍认为松阳是建安四年设立的。

古时松阳县的县治位于现在的古市镇,它是一个典型"汉唐古镇",以前也称为"旧市"。"古市"与"旧市",松阳话的发音是一样的。

/ 松古平原（上）和松阳古市镇一隅（下）

由于古市位于松阴溪旁,经常受到洪水冲袭,到了唐永贞元年(805),县治迁到紫荆村,也就是现在的县城。

松阳是处州建置最早的县,它是从会稽郡章安县分出南乡所置。那时的松阳县,几乎包括了现在丽水的大部分地方。

三国吴太平二年(257),松阳改属新设的临海郡。东晋太宁元年(323),又属永嘉郡。

松阳建县三百九十年之后,即隋开皇九年(589),处州置州,松阳转而隶属处州,松阳县东乡之地被划出,新设为括苍县。

唐武德四年(621)改松阳为松州,括州置总管府。武德七年(624),改都督府,松州均所辖。武德八年(625)复改松州为松阳县,遂昌并入松阳县。景云二年(711),遂昌又从松阳分出。乾元二年(759),分松阳县龙泉乡、遂昌县南部,设立龙泉县。

五代后梁开平四年(910),松阳县改为长松县。后晋天福四年(939),长松县又改为白龙县。

北宋咸平二年(999),白龙县重新改回松阳县,县名一直沿用至今。

第二节　遂昌:孙权的割据范围

遂昌与松阳,虽然相隔很近,但在汉代之前,分属不同的地域。秦统一中国后,分郡县两级,遂昌与松阳所在地同属会稽郡,但遂昌属于太末县。

东汉献帝建安二十三年(218),孙权分太末县南部地始置遂昌县。

说到孙权(182—252),人们总会想起"生子当如孙仲谋"这句话。孙权的父亲孙坚(155—191)和兄长孙策(175—200),在群雄割据的东汉末年打下了江东基业。建安五年(200)，孙策遇刺身亡，孙权继之掌事，成为一方诸侯。建安十三年(208)，孙权与刘备建立孙刘联盟，在赤壁之战中击败曹操，奠定了三国鼎立的基础。吴黄龙元年(229)，孙权在武昌正式称帝，国号吴，不久后迁都建业(今江苏南京)。

由此可见，建安二十三年(218)时孙权还没有称帝，但遂昌已属于他控制的势力范围。那时的遂昌县面积比较大，大约包含了今天的遂昌县、龙泉县和庆元县大部，以及金华市的部分地区。《宋史》曾将庆元人胡纮记为遂昌人，估计也是因为在唐代前庆元都属于遂昌。

《宋书·州郡志》载："孙权赤乌二年(239)，分太末，立曰平昌。"

遂昌改叫平昌，清光绪《遂昌县志》卷一是这样说的："平昌县以去十五里两山前后平叠如昌字，故名。"

在晋武帝太康元年(280)又将此地改回叫遂昌，虽然平昌这个称号仅用了四十一年，但一千多年来，"平昌"都成了"遂昌"的代名词。

松阳与遂昌相邻，自古以来，也是分分合合，合合分分。隋开皇九年(589)至大业元年(605)，遂昌撤县。

据光绪《处州府志》记载，隋朝时的遂昌并没有撤县，原因是被隋末农民起义首领李子通占领，隋朝不予认可罢了。唐平定李子通后才认可遂昌县。

唐武德八年(625)遂昌并入松阳；景云二年(711)，遂昌县复置。

明成化七年(1471)划遂昌与金华、兰溪、龙游等县设置汤溪县。

1949年5月8日，遂昌县城解放，属浙江省第三专区(1949年10月改称衢州专区)。1955年11月，遂昌划归金华专区。1958年11月，松阳县并入遂昌县。1963年5月，遂昌县改属丽水专区。1982年1月，国务院批准恢复松阳县建置。

松阳、遂昌的建立与分分合合，折射了浙西南地区的历史变迁。

/ 遂昌湖山风光（潘家健 摄）

第六章

两晋：仙风道骨诗意存

魏晋南北朝,又称三国两晋南北朝,是中国历史上政权更迭最频繁的时期之一。长期的封建割据和连绵不断的战争,使得北方经济遭到严重破坏,而南方战乱相对较少,北方人口大量迁徙到南方,南方经济得以迅速发展。

这一时期还有一个特点就是思想特别活跃,玄学的兴起、佛教的传入、道教的勃兴及波斯、希腊文化的传播,深深影响着这一时期的人民。

东晋的处州来了一位名道,他在丽水炼丹,如今南明山上的"灵崇"两字依然在阳光中熠熠生辉。那个朝代,还有一位太守,以其诗篇开创了山水诗派,千百年来,诗意还弥漫在丽水和温州大地上。

第一节 东晋道士葛洪与"灵崇"

丽水市区的南明山,与丽水城隔江相望,过去凡是到丽水的文人骚客和达官贵人都会去南明山游览一番。他们所到之处,可以说是诗文满山,墨迹留痕。

在南明山云阁崖上,隶书"灵崇"两字苍劲有力,为葛洪所书。

葛洪所题的"灵崇",是丽水的文化符号,也是晋代丽水道教发展的缩影。

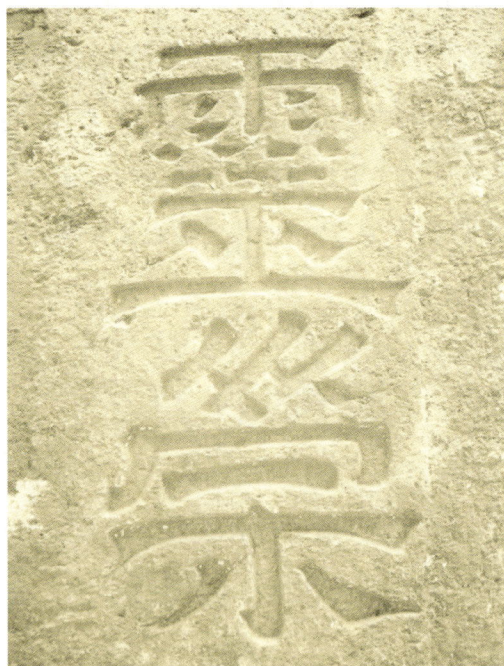

/ 南明山上的摩崖石刻（上）和葛洪所题"灵崇"（下）

南明山上有仁寿寺，寺后有葛井，相传为葛洪炼丹之处。

葛洪（283—363），字稚川，自号抱朴子，东晋道教学者、医药学家、炼丹家。三国方士葛玄之侄孙。葛洪一生著述颇丰，《抱朴子》是其代表作，该书分内、外两篇，共有七十卷，论述神仙方药、养生延年、禳邪祛祸之事，全书将道教理论与儒家纲常名教相联系，开融合儒、道两家哲学思想体系之先河。《抱朴子》的问世，对道教的发展产生了深远的影响。

相传，葛洪曾在丽水南明山、少微山上炼丹。现在南明山上有仁寿寺，寺后有葛井，以纪念葛洪曾在此炼丹。

在莲都、缙云多个地方都流传着葛洪炼丹的传说，还有一些地名相传也与葛洪有关。

第二节　山水诗的起源地之一

浙江未来计划打造四条诗路，分别是"浙东唐诗之路""大运河诗路""钱塘江诗路"和"瓯江山水诗路"。瓯江山水之路的文化渊源与东晋时期的谢灵运有关，他在担任永嘉郡守时，开创了山水诗派。

谢灵运（385—433）是山水诗派的开创者，祖父谢玄（343—388）为东晋名将。谢灵运十八岁时袭封康乐公，世称谢康乐，又由于他小名叫客儿，因此他又叫谢客。

谢灵运仕途坎坷，几经沉浮，422—423年间担任永嘉太守。他在任上寄情山水，开创了山水诗派。这种诗歌的风格给当时及后世的诗坛带来很大的影响。

历史上的温州、丽水同属永嘉郡。不少资料认为永嘉县是山水诗的发源地,而今天的永嘉县与历史上的永嘉郡并不相同。

历史上的永嘉郡分为两个阶段,一个阶段郡治设在温州,一个阶段郡治设在丽水。

永嘉郡是东晋明帝太宁元年(323)由临海郡分出南部四个县所设立的,郡治设于瓯江南岸(今温州市鹿城区),它所辖的包括永宁(今温州主城区、永嘉、乐清一带)、安固(今瑞安、文成、泰顺一带)、横阳(今平阳、苍南一带)、松阳(除遂昌之外的今丽水一带)四县。

隋文帝开皇九年(589)罢天下郡制,以州统县的二级制,永宁、安固、横阳、乐成四县合并,称永嘉县,属处州。开皇十一年(591),处州改名为括州,州治设于括苍(今丽水市)。隋炀帝大业三年(607)改州为郡,恢复永嘉郡,郡治驻括苍。

唐高祖武德五年(622),以故永嘉郡地置东嘉州,辖永宁、安固、横阳、乐成四县。太宗贞观元年(627)废东嘉州入括州。高宗上元二年(675),析括州之永嘉、安固二县置温州,治设永嘉(今温州市鹿城区),隶江南道。

由此可见,历史上丽水与温州分分合合。南朝宁武帝永初三年(422)谢灵运被贬至永嘉郡时,那时的永嘉郡郡治设在温州,属地包括温州与丽水。谢灵运游遍了温州与丽水,写了很多的诗作,成为山水诗鼻祖。

谢灵运曾多次来到石门洞,写下了《夜宿石门》《登石门最高顶》《石门新营》三首诗。《夜宿石门》全诗如下:

朝搴苑中兰,畏彼霜下歇。

暝还云际宿,弄此石上月。

鸟鸣识夜栖,木落知风发。

异音同至听,殊响俱清越。

妙物莫为赏,芳醑谁与伐?

美人竟不来,阳阿徒晞发。

　　当谢灵运离开永嘉郡时,写下《归途赋》,在这篇文章中,描述了青田、缙云的山光水色。而他另一篇文章《长溪赋》对丽水的恶溪进行了非常细致的描写。

　　由此可见,山水诗的起源地,同属永嘉郡的丽水不可或缺。

/ 绿色丽水

第七章

南北朝：一条大堰跨南北

瓯江如镜似画，宛如一条浙南大地上的飘带，是浙江省的第二大母亲河。

第一节　瓯江源头

瓯江虽然是浙江省第二大河，但其名气完全不及钱塘江，在过去的典籍中很难找到瓯江的字眼，像北魏郦道元的《水经注》中，根本没有提及这条河。

目前发现古人最早提及"瓯江"的文字出自南朝宋郑辑之所著的《永嘉郡记》："瓯水出自永宁山，行三十余里，去郡城五里入江。"

过去，瓯江有很多名字，曾被叫作永宁江、永嘉江、温江、慎江。

瓯江发源于龙泉与庆元交界的百山祖西北麓锅帽尖，干流全长三百八十八千米，从源头至入海口分为龙泉溪、大溪、瓯江三段，流经龙泉、云和、丽水、青田、永嘉、瓯海、鹿城、龙湾等地，出温州湾入东海。瓯江贯穿整个浙南山区，流域面积约为一万八千零二十八平方千米。

农耕时代，土地是农业生产最基础的要素，水是耕种至关重要的条件。

丽水山高水急,天涝则溢,洪水成灾;天旱则涸,饮水难以维持。因此,如何利用山地之势,蓄泄有方,方能调节用水,利于百姓,泽被万物。

瓯江滋润了浙西南大地。开发利用瓯江的水力资源,从古至今,从未间歇。从南北朝开始,瓯江的改造与利用就有过大动作,其中最杰出的代表就是通济堰的建设。

丽水山多地少,田地尤为珍贵,为了种稻,古人想尽办法兴修水利,留下了雄伟的通济堰、青龙堰、白龙堰等一批水利工程设施。

第二节　通济堰

碧湖盆地是丽水地区的第二大盆地,丽水人通过通济堰这条水利大动脉,将瓯江活水引入渠道当中。纵横的毛渠,林立的湖塘,犹如碧湖盆地的血脉,成为灌溉丽水大粮仓的不竭源泉。

通济堰始现于南朝萧梁天监四年(505),距今已有一千五百多年。大坝长二百七十五米,高二点五米,坝底宽二十五米,大坝弧度约为一百二十度,是世界上最早的拱形坝,比建于 16 世纪的爱尔其拱坝早了一千多年。通济堰是我国古代水利建筑史上的一件瑰宝,是丽水人民创造的一项不朽的水利杰作,说明中国古人筑堰技艺早在公元 6 世纪时就处于世界先进水平。

王廷芝在《重修通济堰记》中说,南朝萧梁天监四年司马詹、南二氏开始筑造通济堰。"是岁暴旱,功久不就。一日,有一老人指之曰:'过溪遇异物,即营其地。'果见白蛇自南山绝溪北,营之乃就。"此说虽颇具神话色彩,但拱形坝这一杰作,其灵感必定是来源于实践。

詹、南二司马是最早率众修筑通济堰的人。《宋史》记载:"处多山田,梁

/ 通济堰远景（兰雷伟 摄）（上），詹、南二司马像（中），通济堰（下）

天监中,詹、南二司马作通济堰在松阳、遂昌之间,激溪水四十里,溉田二十万亩。"《宋史》显然是将地理位置搞错了,通济堰在松阳与括苍之间。

詹、南二司马的真实姓名、生卒年月和籍贯都无从考证。

司马是从商代就开始设置的官名,专门负责管理军事,是非常重要的军职。

南朝萧梁天监四年,詹司马来松阳考察后,奏请在碧湖平原西南端,松阴溪与瓯江大溪汇合处(今堰头村)筑堰坝,朝廷又派了南司马来协助詹司马实施此工程。大坝采用木筱结构,长二百多米的拱形大坝将松阴溪水拦入堰渠。通济堰渠道呈竹枝状分布,由干渠、支渠及毛渠三部分组成,干渠始于拦水坝北端的通济闸,渠水经堰头村、保定村向东穿越整个碧湖平原,流抵下圳、白桥等村后,汇入瓯江,全长约二十三千米,灌溉整个碧湖平原二万五千亩良田。

詹、南二司马死后,墓葬在通济堰边。当地百姓为感恩两人的贡献,在通济堰旁建白龙庙祭祀詹、南二司马。

通济堰历史上曾历经数百次大修,至今仍然发挥作用,被国务院列入第五批全国重点文物保护单位。2014年通济堰成功入选世界灌溉工程遗产名录。

与通济堰建设的同一时期,还有一条堰,也是詹、南二司马所修的,那就是金沟渠,在通济堰之北。

第八章

隋朝：处士星辉耀处州

隋朝虽然时间非常短,但在丽水历史上具有特殊的意义。

隋朝建立之初,隋文帝大刀阔斧地进行改革,加强了中央集权,有力推进了政治、经济、军事、社会、文化等各个方面的发展。开皇八年(588),隋灭南朝陈,统一中国。这一年,处州成为一个行政区划,其意义非常重大。从此,浙西南从松古盆地时代进入了碧湖盆地时代。

隋朝在处州建州,一方面说明九山半水半分田的丽水生产力水平发展到了一定的程度。汉代之后,经济社会持续发展,人口不断增加,尤其是魏晋南北朝后,北方氏族纷纷南迁,他们带来中原地区的耕作技术,从而推进了丽水经济的发展和文明的进程。

另一方面也说明了隋朝加强了对南方的控制,并将地域进行细分。处州由此诞生,奠定了处州府近一千五百年的历史轮廓。

"处州"这个名称如今已被遗弃百余年,而在处州、丽水、莲都等一系列名字的背后,还是存在千丝万缕的联系。

/ 丽水风光

第一节　为什么丽水过去叫处州?

金华过去叫婺州,是因为它对应天上的婺女星,而处州得名也是因为它与天上的处士星相对应。

《史记·天官书》云:"天则有列宿,地则有州域。"古代占星家为了借星象来观察地面州国的吉凶,将天上的星宿分别指配于地上的州国,使其互相对应,由此产生了许多地名。

明代的《名胜志》记载:"隋开皇九年(589),处士星见于分野,因置处州。"处州上应"少微处士星",而少微四星在太微西士大夫之位也,南第一星为处士,第二星为议士,第三星为博士,第四星为大夫。

瓯江南岸有少微山,也叫大括山,因为郡对应少微处士星,故山名少微。旧有少微星君祠,专门祭祀少微处士星。

少微星在过去是贤士的象征。隋文帝会取处州这样的州名,应该与其对人才的重视有关。

隋开皇九年,在中国的历史上,是一个非常重要的时间节点。隋文帝于这一年灭陈实现了统一,这是继秦、晋之后的第三次统一,而这一次的统一比晋代的统一更彻底。这一年设立处州,堪称隋文帝重视人才与教育的一个宣言,他以处州的州名诏告天下朝廷求贤若渴。

而在此六年后的隋大业元年(605),隋朝开启了中国的科举制度,这与设立处州的出发点是一脉相承的,一个是理念,一个是实践。

隋开皇九年,处州置州,足见这一时期丽水经济发展重心从松古盆地转到了碧湖盆地,政治经济中心也从松阳迁入处州府城。当时的处州,范围非

/ 处州公园（上）和处州府城（下）

常大，其实就是过去东瓯国之地，是现在温州、台州、丽水三市的中心。

同年，永嘉郡、临海郡都被划为县，而从松阳的东部分出括苍县，新成立的处州辖了松阳、括苍、永嘉、临海四县。

到了唐武德四年（621），改永嘉郡为括州。

唐武德五年（622），析括州之永嘉县置东嘉州，临海之地置台州。贞观元年（627），废东嘉州重隶括州。直到上元二年（675），从括州析永嘉、安固两县置温州。

也就是说，有四十年的时间，温州、台州都隶属于处州。

"处州"这一名字，中间虽有小改动，却一直延续到了辛亥革命时，尔后被丽水所取代。

丽水人还是对处州的名称念念不忘，如今冠以处州名字的地点与单位比比皆是，比如处州公园、处州晚报、处州宾馆、处州中学、处州府城等。

第二节　丽水之名从何而来？

丽水是充满诗意的名字，一看到这两个字，眼前呈现出来的是一片碧波荡漾的景象。

丽水之名最早出现在《唐书》中，《唐书·地理志》载："武德四年（621）平李子通，置括州……括州领括苍、丽水二县。"丽水之名始见于此。

李子通，山东人，隋末江淮地区农民起义军领袖。隋大业十一年（615）自称楚王，唐武德二年（619）占据江都（今江苏扬州）自称皇帝，国号吴，年号明政，后迁都余杭（今浙江杭州），控制了东到会稽，南至五岭，西抵宣城，北达太湖的大部分地区。

武德四年,李子通被杜伏威击败,被俘后被押送到长安。唐高祖李渊采取怀柔政策,不但未治李子通的罪,还赐予宅第一所、田地五顷,赏赐钱物颇多。

武德五年(622)七月初八,杜伏威入朝,被留在长安,任命为太子太保,兼任行台尚书令。李子通对乐伯通说:"杜伏威已来长安,江东尚未安定,我们回去收拾旧部,可以立大功。"于是一同逃跑,欲东山再起,到蓝田关时,被官吏抓获,均被处死。

正是在这样的背景下,唐高祖李渊加强了对南方的控制,于是"丽水"之名横空出世。那取名丽水的理由是什么呢? 两种说法都与水有关。

第一种说法是源于对溪水名字的改造。《元和郡县图志》记载:"丽水县有丽水,本名恶溪,以其湍流阻险,九十里间五十九濑,名为大恶。开皇中,改名为丽水,皇朝因之以为县名。"此时的丽水县,是从括苍县分出来的。

另一种说法是因为丽阳溪,县北七里有丽阳山,下环清溪,因此名叫丽水。

丽水县成立四年后,即武德八年(625),就并入了括苍县。

又过了一百五十年左右,到大历十四年(779)时,因括州和括苍县的"括"字,与新即位的德宗皇帝李适的"适"(kuò)字同音同旁,为了避讳,括州改回处州,括苍县也改名丽水县,以后一直沿用至今。

第三节　栝苍与括苍

我们前面说过,处州曾称括州,丽水县古时也叫括苍县。

括苍县最早是隋朝的开皇九年(589)从松阳县分出部分土地后设立的,取名的依据是境内有括苍山。隋唐时括苍县曾为处州、括州及永嘉郡治所。

／ 山光水色（夏伟义 摄）（上）和万象山公园，附近有括苍路（下）

"栝苍"还是"括苍",一直以来大家争议比较大。一种说法认为理应叫栝州,因为当时的括苍山上长了许多栝树。也有专家认为,括苍山脉遍及台州、丽水,括苍更有诗意。

从古至今的典籍之中,称"括苍"的更多。曾参与编写《四库全书》的清代学者沈叔埏对此问题进行过研究,他的《颐彩堂文集》收有《括州说》一文,明确指出"括"才是正确的。"括苍县"最早出现于《隋书·地理志》,"括州"最早出现于唐代官方文献,而"栝苍"或"栝州"的提法是宋代的方志文献中才出现的。解决这种争议,最简单的办法就是告诉大家,"栝"通"括",权且当作通假字好了。

第四节　莲城与莲都

人们总称丽水城为"莲城",现在以莲城开头的还有莲城宾馆、莲城书院等。丽阳门公园里竖立的城雕,也是莲花造型。

丽水为什么会被称作莲城呢?

也许会有人觉得是因为过去丽水种了莲花。实际上,丽水古称莲城,并非因为种了莲花,而是丽水城周围群山拥抱,宛若莲花,所以被称为莲城。《方舆纪要》称丽水城"众山环簇,状如莲花"。

莲对于中国人而言,等于君子的代名词。丽水种莲的历史,的确非常悠久,宋代丽水城内就建有莲城塘。后来,处州白莲成为非常有名气的地域性产品,曾经被当作朝廷贡品。当年种莲的,是宣平县,所谓的处州白莲,产地在宣平,因此丽水城区叫莲城,与种莲没有直接关系。

撤地设市时,原县级市丽水改成什么名字成为一个纠结的问题,有关部门征集地名,"莲都"便从两千多个名字中脱颖而出。

《括苍汇纪》中称丽水"北界台、婺，东引瓯、越，西交三衢（信安、龙游、江山），万山中一都会也"，因此"莲都"名字得到了官方的认可。

搞清楚处州、丽水、莲都的关系，颇让人费神。它们之间唯一相同的就是都带有多音字。

/ 秀美丽水

第九章

唐朝：可圈可点处州事

唐朝是隋朝之后大一统的中原王朝，也是中国历史上的一个高峰，让人津津乐道。

隋末，天下群雄并起，义宁元年（617）唐国公李渊于晋阳起兵，次年称帝，以长安为京师，建立唐朝。唐朝先后经过了二百八十九年，在政治、经济、文化上都达到了历史新高峰，开创了"贞观之治""开元盛世"等。

唐朝之后，海外多称中国人为"唐人"，就是因为唐朝是当时世界上最强盛的国家之一，与亚欧多国均有往来。

地处浙西南一隅的丽水，在隋朝置州后，快速发展，成为浙南政治、经济、文化的中心。在唐初休养生息政策之下，丽水经济取得了很大的发展，缙云、青田、龙泉纷纷立县。

纵观唐朝的丽水，还是有许多事情值得后人"点赞"。

第一节　刺史李繁建孔庙、办府学

自从汉代的董仲舒提出"罢黜百家，独尊儒术"之后，孔子成为中国最有影响力的文化符号。

有个传说,讲朱元璋到寺庙里,问住持要不要下跪,住持非常聪明,对朱元璋说你是现在佛,不拜过去佛。

汉代之后的皇帝可以不拜佛,但必须拜孔子。所以全国各地都纷纷建孔庙,山东曲阜就成了全国孔庙的总部。

以前,处州孔庙气势恢宏,名气很大。处州孔庙的名气,在于韩愈和杜牧写的文章,他们将尊孔提高到了一个历史的新高度。

处州孔庙位于莲都区政府对面樗山的西南面,樗山因山多樗木而得名,因建有孔庙,老百姓也将它叫为庙山。

唐元和十二年(817),处州刺史李繁(? —829)把俸禄捐出来办学,在府治东南樗山原来的社稷坛旧址上建起了孔庙,开办讲堂,从此丽水有了府学,李繁的义举成为美谈。

李繁来自长安(今陕西西安),是典型的"官二代",他父亲就是宰相李泌。李繁曾任太常博士、大理寺少卿、弘文馆学士,世袭邺侯。因太常寺卿权德舆上奏斥奏他德行有亏,于是被外放河南府(今河南洛阳)担任府吏。在他父亲朋友的帮助下,才提拔到随州(今湖北随州)当刺史。唐元和十二年,李繁被调到处州担任刺史。

李繁到任后,认识到文化教育落后是丽水发展中的最大短板,于是他捐俸办学,开州学先河。

韩愈为什么会写《处州孔子庙碑》呢?

韩愈(768—824),世称"韩昌黎",是唐代杰出的文学家、思想家、哲学家、政治家,晚年官至吏部侍郎,人称"韩吏部"。韩愈是唐代古文运动的倡导者,被后人尊为"唐宋八大家"之首。后人将其与柳宗元、欧阳修、苏轼合称为"千古文章四大家"。

韩愈是李繁的朋友,李繁专门邀请时任袁州(今江西宜春)刺史的韩愈,

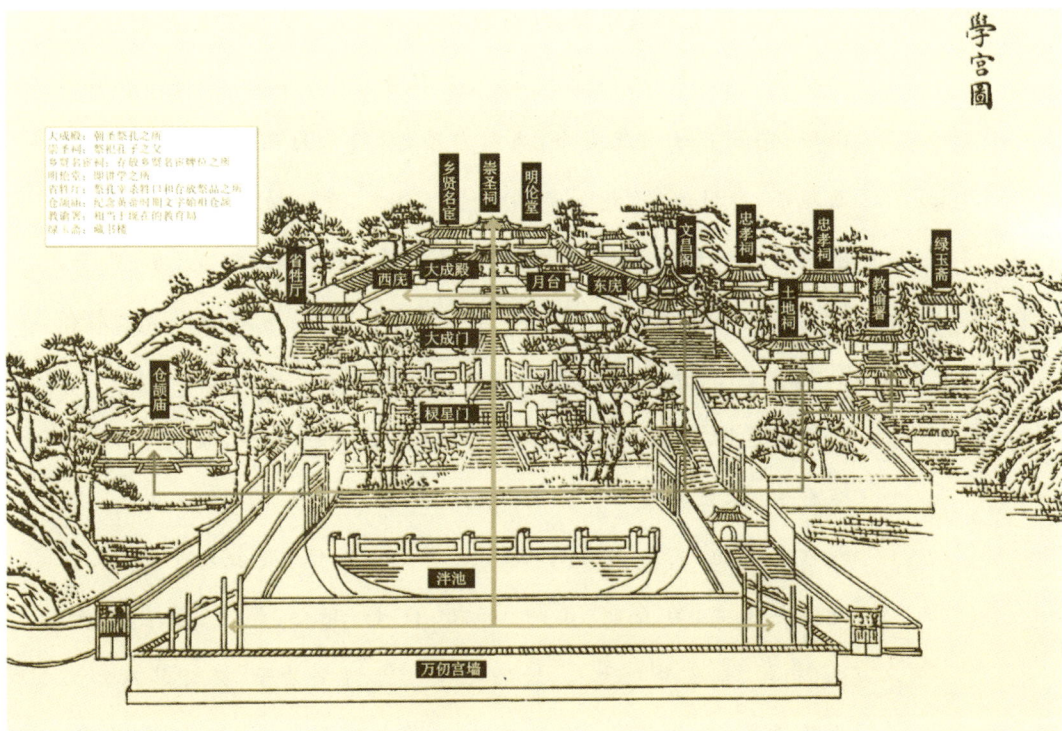

/ 处州孔庙布局示意图

为孔庙作记。韩愈欣然提笔，洋洋洒洒写下了传世名作《处州孔子庙碑》。这一碑文最大的亮点是将孔子与尧舜相提并论，将"尊孔"提到了一个新的高度。碑文全文如下：

处州孔子庙碑

韩　愈

自天子至郡邑守长，通得祀而遍天下者，唯社稷与孔子为然。而社祭土，稷祭谷，句龙与弃，乃其佐享，非其专主，又其位所不屋而坛；岂如孔子用王者事，巍然当座，以门人为配，自天子而下，北面跪祭，进退诚敬，礼如亲弟子者？句龙、弃以功，孔子以德，固自有次第哉！自古多有以功德得其位者，不得常祀；句龙、弃、孔子，皆不得位而得常祀；然其祀事皆不如孔子之盛：所谓生人以来未有如孔子者，其贤过于尧、舜远者，此其效欤！

郡邑皆有孔子庙，或不能修事，虽设博士弟子，或役于有司，名存实亡，失其所业。独处州刺史邺侯李繁至官，能以为先。既新作孔子庙，又命工改为颜子至子夏十人像，其余六十子，及后大儒公羊高、左丘明、孟轲、荀况、伏生、毛公、韩生、董生、高堂生、扬雄、郑玄等数十人，皆图之壁。选博士弟子，必皆其人。又为置讲堂，教之行礼，肄习其中。置本钱廪米，令可继处以守。庙成，躬率吏及博士弟子入学，行释菜礼，耆老叹嗟，其子弟皆兴于学。邺侯尚文，其于古记无不贯达，故其为政，知所先后，可歌也已。乃作诗曰：

惟此庙学，邺侯所作。厥初庳下，神不以宇；生师所处，亦窘寒暑。乃新斯宫，神降其献；讲读有常，不诫用劝。揭揭元哲，有师之尊;群圣严严,大法以存。像图孔肖,咸在斯堂;以瞻以仪,俾不惑忘。后之君子,无废成美;琢词碑石,以赞攸始。

《处州孔子庙碑》碑文写成后未来得及勒石,李繁就已调走。直到唐文宗太和三年(829),才由新任处州刺史敬僚立石,司马任迪书写并篆额,之后这块碑不知所向。宋嘉定十七年(1224),由书法家陈孔硕重书,王梦龙重立。

唐代著名诗人杜牧(803—852)也曾写了篇文章,被刻在这个碑的背面。全文如下:

书处州韩吏部孔子庙碑阴

杜　牧

天不生夫子于中国,中国当何如? 日不夷狄如也。荀卿祖夫子,李斯事荀卿,一日宰天下,尽诱夫子之徒与书坑而焚之。日:"徒能乱人,不若刑名狱吏治世之贤也。"彼商鞅者,能耕能战,能行其法,基秦为强。日:"彼仁义虱官也,可以置之。"自董仲舒、刘向,皆言司马迁良史也,而迁以儒分之为九,日:"博而寡要,劳而无功,不如道家者流也。"自有天地以来,人无不死者,海上迂怪之士持出言曰:"黄帝炼丹砂,为黄金以饵之,昼日乘龙上天,诚得其药,可如黄帝。"以燕昭王之贤,破强齐,几于霸。秦始皇、汉武帝之雄材,灭六强,辟四夷,尽非凡主也。皆甘其说,耗天下、捐骨肉而不辞,至死而不悟。莫尊于天地,莫严于宗庙社稷。梁武帝起为梁国者,以笋脯面牲为荐祀之礼,曰:"佛之教,牲不可杀。"以天子之尊,舍身为其奴,散发布地,亲命其徒践之。

有天地日月为之主，阴阳鬼神为之佐，夫子巍然统而辩之，复引尧、舜、禹、汤、文、武、周公为之助，则其徒不为劣，其治不为僻，彼四君二臣，不为无知。一旦不信，背而之他，仍族灭之。

傥不生夫子，纷纭冥昧，百家斗起，是己所是，非己所非，天下随其时而宗之，谁敢非之？纵有非之者，欲何所依拟而为其辞。是杨、墨、骈、慎已降，百家之徒，庙貌而血食。十年一变法，百年一改教，横斜高下，不知止泊。彼夷狄者，为夷狄之俗，一定而不易，若不生夫子，是知其必不夷狄如也。

韩吏部《夫子庙碑》曰：天下通祀，唯社稷与夫子。社稷坛而不屋，取异代为配，未若夫子巍然当门，用王者礼，以门人为配，自天子至于庶人，亲北面而师之。夫子以德，社稷以功，固有次第。因引《孟子》曰："生人以来，未有如夫子者也。"自古称夫子者多矣，称夫子之德，莫如孟子，称夫子之尊，莫如韩吏部，故书其碑阴云。

杜牧是唐代杰出的诗人、散文家，也是官家子弟，爷爷杜佑曾任宰相。

两个重量级人物题写了如此高质量的文章，在全国地方孔庙中是极为罕见的。

杜牧在文章中讲述了儒家治国的重要性，也对韩愈的文章大加赞赏，他说："称夫子之德，莫如孟子；称夫子之尊，莫如韩吏部。"

并不起眼的处州，因这一块碑的缘故，处州孔庙成为"明星"，读书人大多都读过韩愈和杜牧的文章，也就知道处州有这么一座孔庙了。

处州孔庙建成之后，一直是府学所在地，直到宋景祐四年（1037）州学另建在迎秋岭，才改为丽水县学。

古时每逢孔子诞辰，丽水城的读书人都要到孔庙祭拜。经历代重修，到中华人民共和国成立前夕孔庙仍保存完好。

1949 年 5 月 14 日，中国人民解放军进城部队进驻孔庙，接管了在孔庙内的伪专署，中共处属特委大机关就在孔庙内办公。1952 年丽水撤销专署并入温州后，丽水初级师范学校从南明山搬进孔庙。

可惜的是，这座有着上千年历史的孔庙，在 20 世纪 50 到 70 年代，陆续被拆除，让人痛心。

虽然孔庙现在已荡然无存，但却留下了"名存实亡"这个成语，用它来形容孔庙的现状实在是恰如其分。

第二节 段成式治水

浙江治水，从数千年前的大禹开始，一直走在全国前列。历史上丽水的治水也不落后，疏浚河道，蓄水灌溉，创造了诸如通济堰等水利工程的瑰宝，形成了瓯江水上交通的大动脉。唐代治理恶溪可以说是一件彪炳千秋的事，带领进行这项工作的就是以处州刺史段成式为首的一批人。

段成式（803—863）因在秘书省当过校书郎、尚书郎，所以人们也叫他段郎中。他是著名的志怪小说家，著作《酉阳杂俎》传于后世；他也是著名诗人，与李商隐、温庭筠齐名；他还是著名的治水专家，相传一条河流因他改了名字。

瓯江上游有条支流叫好溪，以前叫恶溪，发源于缙云与磐安交界的大盘山上，总长约四十五千米，有五十九濑（滩）。谢灵运《与弟书》曰："闻恶溪道中九十九里，有五十九滩。"李白也有诗句描写此处："咆哮七十滩，水石相喷薄。"

好溪的险滩中,突星濑是最有代表性的地方。突星濑西流箭溪,巨石纵横,最为险峻,王羲之游览此地后叹其奇绝,写下"突星濑"三字,从而使此地扬名四方。因为恶溪河床错综复杂,所以水患一直不断,有时一次溪水暴涨就能溺死百余人。《处州府志》记载,唐显庆元年(656)九月,括苍暴风雨,海溢,丽水溺死七千多人。

唐宣宗大中九年(855),五十三岁的段成式担任处州刺史。他刚到丽水后,就疏浚河道,筑坝开渠,引水灌溉,着手修建好溪堰,用了四年的时间,变恶溪水患为水利,终于使这里舟行自如,水流通畅,他因而成为唐代浙江治水的模范。

好溪堰是处州第二大古堰,与通济堰一样出名,它位于丽水城东郊天皇畈平原,俗称"东堰"。从市郊灵鹫山下的好溪里筑坝引水,十余千米长的水龙缓缓前行,润泽城东大片土地,再从行春门出去,解决城东大片土地的灌溉和沿途居民的用水问题。虽然好溪堰现在已失去灌溉的作用,但它成为城东一道美丽的人文线和风景线。恶溪也因为段成式的治理而变得温顺,因此许多史料及民间传说都说恶溪是因他而改名为好溪的。

《新唐书·地理志》中有记载:"丽水县东十里有恶溪,多水怪,宣宗时刺史段成式有善政,水怪潜去,民谓之好溪。"

事实上,新唐书的记载是有出入的,段成式在大中九年所写的《好道庙记》中讲得非常清楚,恶溪改为好溪,是在北周时。北周约在 557 至 581 年之间,距段成式担任处州刺史约有三百年时间。而后人认为好溪是因他而改名,应该是对他主政丽水时大力治水的褒奖。

/ 好溪堰（陈炜　摄）

第三节　卢约揭竿而起

历史上百姓造反，吃饭问题往往是诱因。处州大地九山半水半分田，除了三大盆地上的民众相对安定，吃饭问题始终困扰百姓，所以处州民众反抗官府的事，一直没有中断。

唐代遂昌人卢约(？—907)跟随黄巢(820—884)起义，《资治通鉴》记载他于遂昌起兵，攻克了处州和温州，自镇一方二十六年。

唐乾符五年(878)年至中和四年(884)，由黄巢领导的农民起义是王仙芝起义的后续，也是唐末历时最久、遍及最广、影响最深远的一场农民起义。黄巢采用流动作战的方式，控制了山东、河南、安徽、浙江、江西、福建、广东、广西、湖南、湖北、陕西等广大地区，动摇了唐朝的统治。

黄巢起义军控制了衢州后，受其影响，唐广明元年(880)，卢约在与衢州毗邻的遂昌聚众反抗官府。次年十一月，率部攻克处州城，"自领"刺史。

为了控制府城，卢约精心经营，进行了一系列建设工作。旧府志说他"多所建置"，处州城墙"为卢约所筑"。至今，在小水门(也叫括苍门)附近小栝山麓还可以看到唐宋城墙的遗址。

修筑城墙是一项重大的工程，需要花费大量的人力物力。卢约是有远见的，他花尽心思修筑城池，目的就是为了抵抗唐王朝及其他割据势力的侵犯。这从另一个侧面也反映出当时他的政权比较稳定。

府志还引用民间传说，记载了处州建置时府城不在现在的丽水城，而在东南七里的古城村，是卢约将它迁过来的。

相传卢约攻陷处州，他准备重建古城时，于是请教当地高僧三平和尚。

三平和尚说"黄牛卧处好安州"。卢约派人寻找"黄牛卧处"，便在小栝山一带营建州衙。此说影响颇大。

处州为隋朝开皇九年（589）所建，《处州府志》《丽水县志》《栝苍汇记》都说，开皇十二年（592）改处州为栝州，是因为州治设在小栝山。也就是说，根据志书记载，在隋朝时州治就在现今的丽水城，郡衙设在小括山上。这事要比卢约占领处州还早约二百九十年呢！

天祐二年（905），卢约又派其弟卢佶攻取温州，这样，他就控制了处、温两地，在浙南一带声势浩大。

后梁开平元年（907）三月，吴越王钱镠派儿子传瓘、传璙进攻温州。卢佶布重兵守于温州东北海疆青澳。传瓘、传璙探知海防严密，绕道袭击温州。卢佶兵溃被擒，被杀于青田腊口。五月，传瓘、传璙又率军攻处州，卢约不能与之抗衡，投降后被杀害。

卢约是一个割据一方的势力，他作为农民起义军首领，有天生的局限性，其在唐中和四年（884）黄巢起义失败之后，还能坚持二十三年之久，不得不说他在处州还是有很大的影响力的。

第四节　佛道大师云集

佛教和道教在唐代很有影响力，出现了一批大师级的人物。

道教在唐代非常兴盛，社会地位非常之高。魏晋南北朝以来，门阀士族势力强大，唐高祖李渊需要抬高自己的身份，于是他自称老子后代，以美化自己所建立的政权，他奉道教为国教，全国道观林立，影响了整个唐朝皇家贵族和普通百姓的生活。

佛教源于印度,在东汉前期时传入并逐渐中国化,"南朝四百八十寺,多少楼台烟雨中"。佛教一直是中国影响力非常大的宗教,唐代鼎盛时期,长安城出现过一百六十余处寺院,全国有大中型寺院五千余座,僧尼三十余万人,佛经两千四百多部,士大夫信佛者不可胜数,《西游记》就是根据玄奘西天取经的故事写成的。

唐代的丽水,佛教和道教非常兴盛。丽水知名的寺院道观大多是在唐代建造的。名僧名道,不胜枚举。比如中和年间的三平和尚,筑起南明山大安寺。相传他每天骑虎至溪边渡口,叫老虎回寺里,自己则徒步入城。傍晚的时候,老虎候于溪边,载着他回南明山。

【天台宗六世祖智威】

天台宗是佛教八大宗派之一,其六世祖智威大师是缙云人。

智威(?—680),原姓蒋,是缙云金竹人。他出身儒学世家,十八岁时奉父母之命回家完婚,途中遇僧人引导,便到天台山国清寺出家,奉章安法师为师,潜心学佛。

唐上元元年(674),他遍访名山古刹,寻觅说法讲经场所,后到缙云壶镇的石龙山开坛说法,并把那个地方称为"法华",自己号"法华尊者"。

智威大师工于辞藻,昼讲夜禅,手书藏典,朝夕不息,在当地影响很大,跟他习禅的有三百余人,听讲的有七百余人,一时间人满为患,吃喝拉撒成为最大的问题。听讲者只能临时搭棚分成九个地方住宿。为了解决喝水问题,智威仔细勘察地形,组织大家挖井,挖到三尺深就见清泉突涌,冬夏不竭,千余人饮用绰绰有余。他还曾在距法华寺八十里路的仙居上阪设讲坛,他每日往返,进行禅讲,从未落下一次。

智威大师写有《桃岩寺碑》《头陀寺碑》。嗣法弟子慧威,继为天台宗第七代祖师，号"天宫尊者"，与智威同为唐高宗朝散大夫四大师。时称智威为"大威"，慧威（634—713）为"小威"。

永隆元年（680），智威趺坐圆寂。五代吴越王以其高行著世，特追谥为"玄达尊者"。

【净土宗善导派入浙始祖少康】

同在唐代的另一个佛教高僧少康，名气也很大。

少康（? —805），俗姓周，缙云县仙都周村人。七岁前他还不会讲话，后来被抱入丽水灵山寺，突然开口叫"释迦牟尼佛"，父母惊讶无比，认为他有佛缘，就让他出家。

少康大师十五岁能通诵《法华经》《楞严经》等五部经书，后赴绍兴嘉祥寺受戒，再到南京龙兴寺听讲。唐贞元元年（785）又到洛阳白马寺读经，后至长安，拜在净土宗善导派下，这一派重于力行实践，不尚空谈。他遍游名山大川、古刹胜寺，人称"少微上人"。在睦州（今建德梅城），他拿钱哄小孩子念佛，小孩子们念一声"阿弥陀佛"，他就给一文钱。后经月余，念佛多者即给钱。如是一年，凡男女见少康，则念"阿弥陀佛"。后在睦州乌龙山建净土道场，筑坛三级，少康大师登座，令男女弟子望其面门，高声唱阿弥陀佛。

贞元二十一年（805）十月三日，少康大师在睦州台岩寺圆寂。郡人奉其全身建塔，号台岩法师，被尊为莲宗第五祖。

少康是释家净土宗善导派入浙始祖。唐天祐二年（905），天台山德韶禅师重建其塔，时称"后善导"。

/《少康画像》[清]任熊 绘

【僧中奇才贯休】

贯休是唐末至五代最负盛名的高僧，是僧人中的"奇才"，他的诗、书、画堪称"三绝"。贯休曾与遂昌唐山结缘，大中年间（847—859），在唐山建翠峰院。

明成化《处州府志》里写道，唐山位于遂昌县北十八里，是五代时贯休在这里修行的地方。

贯休，本姓姜，字德隐，是兰溪人。他七岁出家，每日读《法华经》一千字，他记性非常好，能够做到过目不忘。到了十五六岁，他的诗已写得很不错，远近都有名气。贯休二十岁时受戒，正式成为和尚。唐天复年间（901—903）贯休入蜀，蜀主王建称他为"禅月大师"。

贯休创作了上千首诗，《四部丛刊》收录《禅月集》二十五卷，存诗七百余首。贯休工于篆隶草书，尤其是草书，可与智永、怀素比肩，享有"草圣"之誉。他的画多为佛教画，主要作品有《十六罗汉图》《释迦十弟子》，其罗汉画为传世经典，今存杭州孤山圣因寺罗汉堂。现在西泠印社华严经塔上的浓眉大鼻罗汉像，就是根据贯休罗汉画雕刻上去的。

明朝著名文学家、戏剧家汤显祖在《唐山诗·序》中，也写到贯休的故事："唐季禅月大师贯休，居平昌唐山十四年。梦异人授以写梵相十八尊者像，一像未就，异人教以临水为之，意师乃此像后身也。"

贯休的诗中有写遂昌的《山居诗五首》《咏湖山》等传世。《全唐诗》收有贯休所写的《上缙云段使君》："清畏人知人尽知，缙云三载得宣尼。活民刀尺虽无象，出世文章岂有师。术气芝香粘瓮榼，云痕翠点满旌旗。今朝暂到金台上，颇觉心如太古时。"诗题中的"段使君"是指刺史段成式，这也多少能看出贯休在丽水的生活轨迹。

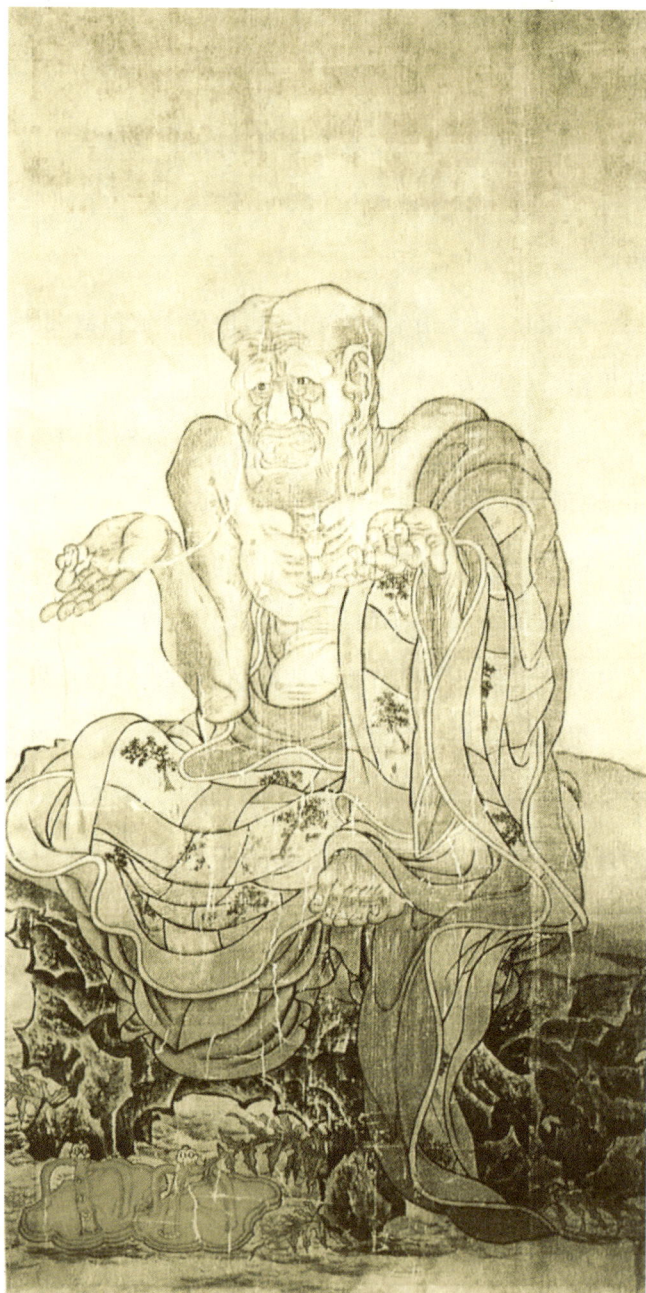

/ 贯休《十六罗汉图》（局部）

【五朝国道叶法善】

唐代的丽水，道教非常兴盛，出现了杜光庭、叶法善、马大仙、羊愔、间丘方远、陶松隐、吴善经、元白、许碏、郑仙姑等名道。

叶法善是松阳人，资料显示他生于隋炀帝大业十二年（616），卒于唐明皇开元八年（720）。

从叶法善曾祖开始，几代人都是道士，叶法善从小就耳濡目染，懂摄养、占卜之术。《唐书》记载："法善少传符箓，尤能厌劾鬼神。"

显庆中，唐高宗因为听到他的大名，于是就下旨将他召到京城，想封他为官，但他坚持不干，只想当他的道士，于是留在内道场，宫廷给他的待遇也非常丰厚。

当时唐高宗下令广征全国的道士炼丹，叶法善与皇帝直言说金丹难就，干这件事就是白白浪费财物，有亏政理，要求唐高宗重新研究这件事。唐高宗听了他的建议，于是有九十多人被退回，此事就停了下来。

《唐书》把叶法善写得神乎其神，说他曾经在东都洛阳凌空观设坛醮祭，城中百姓竞往观看。一会儿就有数十人自投火中，围观的人大惊，迅速将他们救出才保住性命。叶法善说："这是魅病，是被我的法术控制了。"问了一下投火的人果然如此。于是叶法善收了法术，这些人的魅病就好了。

叶法善自高宗、武则天、中宗、睿宗、玄宗历时五十年，常往来名山，也数次被皇帝召见。

唐玄宗执政后，更加信任叶法善，称他"有冥助之力"。

唐先天二年（713），拜叶法善为鸿胪卿，后又封越国公，但他不为爵位尊贵所动，仍愿为道士，只是奏请在故乡卯山建道观，唐玄宗准奏，并赐名"淳和仙府"。叶法善活到一百零五岁，就算在今天也是难得的高寿了。他死后

/ 五朝国道叶法善像（上）和马仙庙（下）

葬回松阳,唐玄宗下诏让衢、婺、括三州助葬。

叶法善死后,唐玄宗李隆基十分悲痛,专门写了《叶尊师碑记》悼念叶法善。

唐玄宗的一系列举动都表明了叶法善在当时的影响力,连皇帝也对他如此深情,不难想象叶法善的社会地位之高了。

第五节　马仙信仰发源地

马仙是浙南和福建一带非常有名的地方神,与妈祖、陈靖姑并称为"福建三大女神",今天的景宁畲族自治县鸬鹚乡为马仙信仰的发源地。

在浙南和福建的许多庙里,中殿供奉的是本地的大王爷和夫人,左殿供奉着"临水夫人"陈靖姑,右殿供奉着"马仙娘娘"。

马仙生前是鸬鹚乡鸬鹚村的女子,对她的称呼,各地不尽相同,主要称呼有马仙娘娘、马天仙、马夫人、马五娘、马七娘、马氏真仙、护国夫人马氏等。

最早记载马仙的文献是唐代缙云县令李阳冰撰写的《护国夫人庙碑记》:"护国夫人马氏,括苍下邑鸬鹚人也,地之距郡与邑几三百里,源深水纡,山高路阻,猿猱纷纷,狼虎相尾,居民鲜少。鸬鹚水鸟善捕鱼,因名其地,即夫人故居也。"

相传唐光化年间(898—900)马氏出嫁前夕,她的未婚夫突然去世,她发誓不再嫁。家中贫困,她却恪守孝道侍奉公婆。后来她遇异人点化传以仙术,以此行医济世。民间传说有一次她外出,遇山洪暴发,溪水暴涨,只见她将雨伞仰置于水上飞渡而过,观者以为是仙女下凡,"浮伞仙渡"传为美谈。

当地民间求雨祈子、驱瘟降魔,都求马仙。

因其孝顺父母,唐朝廷敕封其为"孝妇";宋太祖封马仙为"懿正真人";宋太宗加封"护国嘉佑真仙",并立像祀之;宋真宗敕封"灵泽感应马氏真人""懿正广惠马氏真人"等。相传马仙生于元宵节,故正月十五到马仙庙进香礼拜者云集。农历七月七日马仙庙会活动更是香客不断。

第六节　书法三家齐集处水

唐代的丽水,来了三位著名书法家,分别是被称为"小李"的李阳冰,"书中仙手"李邕、担任过宰相的王缙,他们在丽水书法史上留下了不可磨灭的印迹。

【缙云县令李阳冰】

唐天宝四年(745),李阳冰被贬为缙云尉,第二年五月,隐居吏隐山(俗名和尚山)。到了乾元元年(758),他成为缙云县令,这样算来,他一共在缙云待了十四年。

李阳冰是唐代文学家、书法家,他是李白的族叔,缙云任满后任当涂县令,后来官至国子监丞、集贤院学士。

他善辞章,工书法,尤精小篆,性格豪放,变化开合,自成风格。他自认为在李斯之后篆书就算他最厉害了,曹喜、蔡邕没法与他相比,时人称他为"笔虎"。当时颜真卿所书之碑,必请李阳冰用篆书题额,可见其篆书影响力之大。后人称,自秦汉以后,李阳冰为篆书第一手。

李阳冰所书的碑刻留下较多,比如缙云的《城隍庙记》、福州乌石山的《般

/ 李阳冰篆书"倪翁洞"（左）和李阳冰篆书"黄帝祠宇"（右）

若台铭》、安徽芜湖的《谦卦碑》、广西桂林的《舜庙碑》、湖北武昌的《怡亭铭》、陕西西安的《颜帷贞庙碑额》等。传世刻帖《三坟记》《城隍庙碑》《谦卦铭》《怡亭铭》《般若台铭》《吴季札墓志》等，均为后世翻刻本。

《城隍庙碑》书法线条优美，笔力雄健，气息流畅，而背后的故事，更是让人惊叹。

缙云城隍庙始建于唐武周万岁登封元年(696)，唐乾元二年(759)自七月初起到八月半一直没下雨，大旱成灾，百姓无比惶恐。

八月十六日，李阳冰亲自到城隍庙求雨，他气势汹汹地警告城隍老爷，五天之内如果不下雨，就放火把这庙烧了。

没想到老天帮忙，五日后果然天降甘霖，全境解了旱情。为此，李阳冰将城隍庙由西谷迁到山巅，并亲自书写《城隍庙碑》，纪念祈雨成功这件事。这八十六字，成为李阳冰书法中的精品，千古流芳。

李阳冰在缙云的十四年里，留给缙云的碑刻是弥足珍贵的文化瑰宝。据史料记载，李阳冰一生共有碑刻六十五件，其中十七件在缙云，现存有六件，分别为《城隍庙碑》、《黄帝祠宇碑》、《倪翁洞碑》、《初阳谷》、《吏隐山记》(部分残篆)、《阮客洞碑》。

【李邕与《叶有道碑》】

2008年7月，浙江省教育厅将李邕的书法字体，作为义务教育教科书《写字》课本的字体，供小学高年级和初中学生写字课使用。

李邕与丽水非常有缘，曾两度在处州为官，先为司马，后任刺史。李邕在丽水留下的作品比较多，比如三岩寺的"雨崖"和《缙云三帖》等，其中最为著名的是《唐故叶有道先生神道碑并序》(简称《叶有道碑》)，为历代论书者所推崇。

/ 李阳冰《城隍庙碑》拓片

　　李邕（678—747），唐代著名文学家、书法家，天资聪慧，幼承家学，少年时以擅长辞章而闻名。在仕途上，因耿介磊落，不畏权贵，屡遭贬谪。他晚年在北海太守任上，遭人暗算，被宰相李林甫定罪下狱，竟被酷吏活活打死。

　　唐玄宗即位后，宰相姚崇不喜欢李邕，认为他奸险浮躁，于是从户部郎中贬为括州（即处州）司马，李邕第一次来到了处州大地。

　　唐玄宗封禅泰山回来后在汴州（今河南开封）接见李邕，诏令他献上辞赋，皇帝看了很高兴，李邕就开始飘飘然，说自己可以做宰相。李邕素来轻视宰相张说，与其交恶。刚好有人告李邕贪赃枉法，李邕被投入大狱，判为死刑。后因有人相救，贬为遵化县尉。

　　开元二十三年（735），朝廷起用李邕为括州刺史，他第二次来到了丽水。

　　李邕赋、表、记、铭各种文体都写得极好，名门望族不惜以重金礼聘他撰写碑颂。

　　魏晋以来，碑铭刻石，都用楷书撰写，入唐以来，继李世民《晋祠铭》后，李邕改用行书写碑文，名重一时。李邕的行书从"二王"入手，能入乎其内而出乎其外，使笔法一新。

　　李邕非常喜欢交朋友，因此要花费大量的钱财，于是他"鬻文获金"，常给人写碑颂赚钱，唐人说李邕前后撰碑文八百余篇，收钱上万，他用这些钱来填补交游的巨大开销。

　　李邕的传世作品有《端州石室记》《麓山寺碑》《法华寺碑》《云麾将军李思训碑》《云麾将军李秀碑》等。

　　李邕的书法个性明显，字形左高右低，笔力舒展遒劲，给人以险峭爽朗的感觉。他提倡创新，继承和发扬古代书艺，曾说："似我者俗，学我者死。"

　　他的书法对后世影响较大，苏东坡、米芾都吸取了他书法中的一些特点，赵孟頫也极力追求他的笔意，李阳冰称他为"书中仙手"，后人视为"出类

/ 李邕题写"雨崖"

拔萃,百代无匹者"。

《叶有道碑》作为书法的珍品,历来受到书法人士的推崇。叶有道是叶法善的爷爷,李邕为处州刺史,叶法善请他写碑文最正常不过。但关于《叶有道碑》,民间却演绎出有趣的故事。

清光绪年间修的《处州府志》卷末有载:玄宗时,李邕为处州刺史。李邕以词翰名世,叶法善求李邕为他的祖父叶有道作碑文,李邕答应了。文章写好后,叶法善请他帮忙书碑,他没答应。有一天晚上李邕梦见叶法善请他帮忙书碑,李邕很高兴地答应了,他还未写完,钟响梦醒,写到丁字下数点而止。叶法善刻毕,持墨本到李邕处道谢。李邕惊讶地说:"我以为是做梦,没想到是真的。"

后人所传李邕因梦醒,至丁字下数点而止,故此碑又称"丁丁碑";还因传叶法善夜追李邕魂才让李邕写下,故俗称"追魂碑"。志书把碑文的产生,说得扑朔迷离,神乎其神。而一些书法家,则称前面说法为"皆流俗相传之说耳"。

【被贬处州的宰相王缙】

唐代还有一位著名书法家王缙(702—781)也在处州当过刺史,却很少有人知道。

说起王缙,大家不熟悉,但说起他的兄长王维,就没人不知道了。

王缙从小很好学,他与兄长王维很早就因文章出名,他由文辞清丽科入仕。安禄山之乱时,王缙作为太原少尹,与李光弼同守太原有功,升为宪部侍郎(即刑部侍郎)。叛乱平定之后,由于王维曾委身安禄山的叛军中为官,王缙向皇上提出用自己的官职为王维抵罪,这样使王维得到从轻发落,躲过一劫。

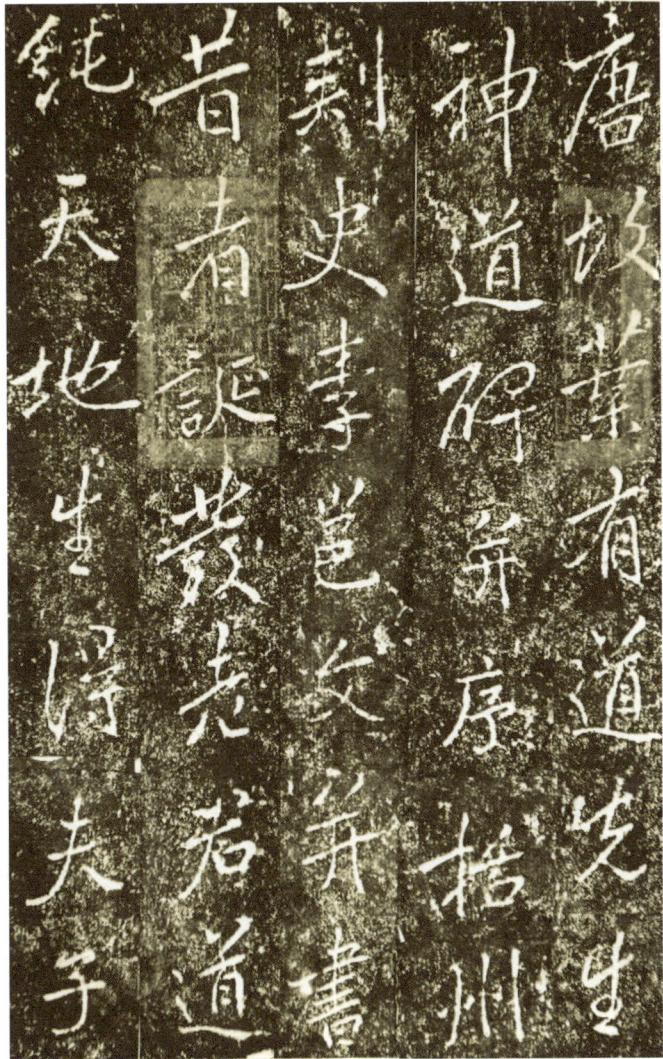

/ 李邕《叶有道碑》（局部）

后来,王缙任职工部、兵部、黄门省侍郎,同平章事和门下侍郎,同中书门下平章事,行宰相之事。王缙七十八岁时,因涉及权相元载案被抄家治罪,皇帝觉得他年纪大了就从轻发落,把他贬到括州。唐大历十二年(777)至大历十四年(779),耄耋之年的王缙担任括州刺史。

王缙很长寿,活到八十岁。他的诗写得不错,字也好。唐窦蒙在《述书赋注》中说,当时人就评论,如果说论诗则非王维、崔颢莫属,如果论笔则非王缙、李邕莫属,而祖咏、张说还排不到前面。

非常可惜,目前既未在丽水找到他的诗,也没发现他写的字。

第七节　唐诗中的处州

早在一千多年前,瓯江山水就与唐诗联系在一起,唐代不少著名诗人都来过丽水或者在作品中提到过丽水。他们用笔把丽水的山水风光描绘得多姿多彩,令这一方土地更具诗情画意。

【李白笔下的处州山水】

如果唐代没有李白(701—762),那么唐诗就会失去耀眼的光芒。如果唐代没有李白,那么唐代就会缺少一种恣肆的浪漫。在李白眼里,丽水的山水是怎样的呢? 请看下面这首诗:

石门留题诗

何年霹雳惊,云散苍崖裂。

直上泻银河,万古流不竭。

李白写青田石门洞的诗是他曾来到丽水最有力的证据之一。

李白的诗总是气势磅礴，富于想象力。这首诗是古往今来写石门洞的诗中最好的一首。

关于李白到丽水，还可以从另外一首诗中得到确认。

李白在《送王屋山人魏万还王屋》的小序中写道："王屋山人魏万，云自嵩宋沿吴相访，数千里不遇。乘兴游台越，经永嘉，观谢公石门。后于广陵相见，美其爱文好古，浪迹方外，因述其行而赠是诗。"

李白是中国历史上最有魅力的诗人，他生前就有无数粉丝，贺知章、杜甫、李阳冰都很崇拜他。杜甫现存作品中有十余首是专门写李白的，诗中充满了对李白这位老大哥的思念、关心和赞美。

王屋山人魏万也是李白的铁杆粉丝之一。魏万名颢，在上元初年登第，他因慕李白之名，为见一面，千里追星，从河南老家一路追随李白的足迹，游台越、过青田、看丽水，追到扬州才与李白相见。李白知道这件事后相当感动，写下这首诗相赠。

送王屋山人魏万还王屋（节选）

缙云川谷难，石门最可观。

瀑布挂北斗，莫穷此水端。

喷壁洒素雪，空蒙生昼寒。

却思恶溪去，宁惧恶溪恶。

咆哮七十滩，水石相喷薄。

路创李北海，岩开谢康乐。

松风和猿声，搜索连洞壑。

径出梅花桥，双溪纳归潮。

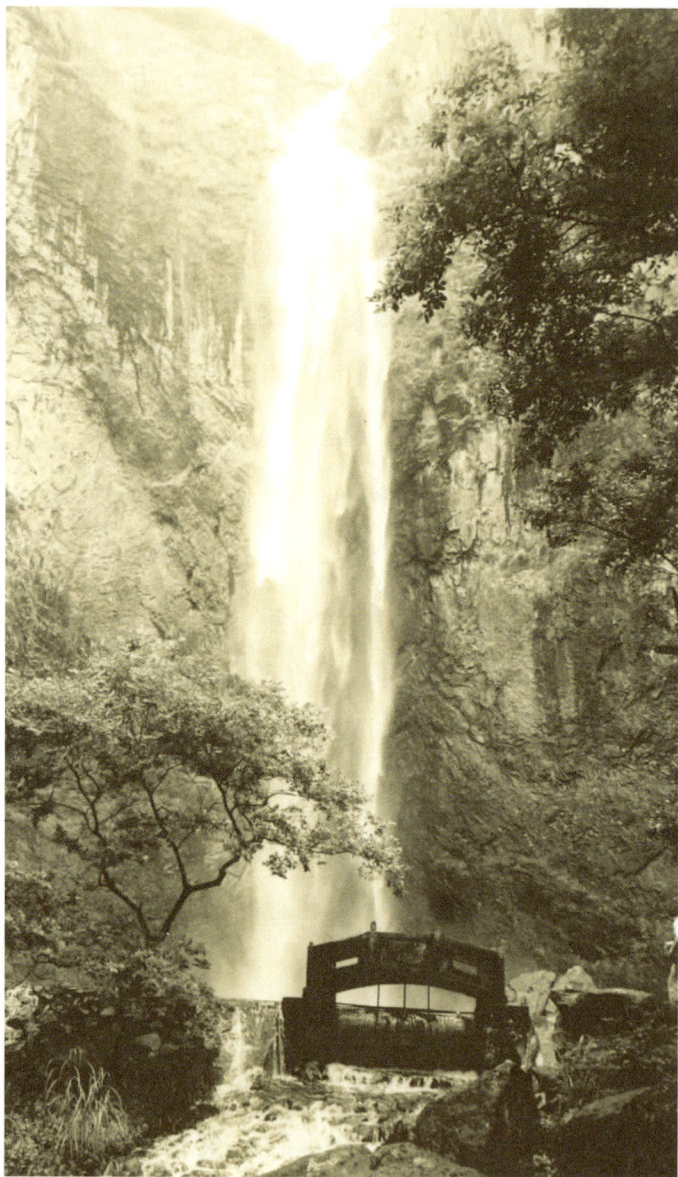

/ 石门飞瀑

李白在诗中将王屋山人的线路描述得非常细致具体，诗中对缙云、好溪（即诗中的"恶溪"）、石门洞等的描写，让人身临其境。这条路应该是当年非常热门的旅游线路，如果不是李白自己走过，一路上的景色与意境，哪里能描写得这般鲜活。

李白从浙东唐诗之路，沿着台州到温州，然后沿江而上，经青田、缙云、永康再到金华。永康石柱镇有条溪叫李溪，相传就是因当年李白曾饮马于此，故取名李溪。

李白之所以来丽水，可能与两个人有关。一位是李阳冰，一位是谢灵运。

李阳冰在缙云当县令，爱好游山玩水的李白来缙云看望族叔，合情合理。

晚于谢灵运二百六十多年出生的李白深受谢灵运山水诗影响，由于对谢灵运的崇拜，李白写过许多诗歌来怀念他。而且有人研究发现，李白现存五十一首五古纪游诗中，明显受谢灵运影响的有二十六首。

族叔的感情，偶像的力量，相信李白也是不虚此行。

【孟浩然笔下的缙云】

孟浩然是唐代著名的"山水田园派"诗人，是初唐到盛唐过渡时期中最有成就的一位诗人，与盛唐的另一位山水诗人王维并称"王孟"。

孟浩然四十岁时游历长安，科举不第，曾在太学赋诗，名动公卿，后来隐居终老。

天台山桐柏观的道士是孟浩然的朋友，孟浩然从金华一路过来，经过缙云，去天台山访友。

寻天台山

吾友太乙子，餐霞卧赤城。

欲寻华顶去，不惮恶溪名。

歇马凭云宿，扬帆截海行。

高高翠微里，遥见石梁横。

孟浩然见识了丽水山高路远，溪急滩险，但访友心切，无论多高的山，多险的河，也无法阻挡他探望好友的决心。

【其他人诗中的处州】

如果说仙都、石门洞是唐诗里零散的点位，那么处州、缙云、括苍、松阳这些字眼，却在唐诗中频频出现，增添了丽水的诗意和名气。

杜甫的"故人还寂寞，削迹共艰虞"，刘禹锡的"江草带烟暮，海云含雨秋"，写出了丽水是被京城官员们嫌弃的穷乡僻壤；姚合的"远程兼水陆，半岁在舟车"，高适的"峥嵘缙云外，苍莽几千里"，道出了京城到丽水路途遥远；刘长卿的"城对寒山开画戟，路飞秋叶转朱辐"，方干的"杉萝色里登台阁，瀑布声中阅簿书"则描绘出了丽水城的清幽宁静。

贾岛、王维、杜牧、孙逖、李齐运、朱庆馀等都写过与处州有关的诗。处州虽穷远，而在诗人的眼里，或如诗如画，或空灵淡雅。

/ 唐代著名"山水田园派"诗人孟浩然像(上)和万象山公园(下)

第八节　与皇帝有关的县名

【武则天设立缙云县】

缙云县建于武周万岁登丰元年（696），以境内古缙云山而得名，由武则天（624—705）设立。

武则天是中国历史上唯一的女皇帝，也是即位年龄最大的一位，六十七岁时才登上大宝。她是中国寿命最长的皇帝之一，活到了八十二岁。

武则天登基后，奖励农桑，改革吏治，举贤选能，全国经济迅速发展。

天册万岁元年（695）十二月，武则天从洛阳出发，登上嵩山，封禅泰山，大赦天下。第二年，改元为万岁登封。缙云便是在这样的情况下设立的，也寓意天下太平、山河静好。

【唐玄宗赐名"仙都"】

仙都是丽水第一个 5A 级景区，景区总面积约一百六十六平方千米，九曲练溪，十里画廊，诗文满山，兼有桂林之秀、黄山之奇、华山之险。

在唐代之前，仙都叫缙云山。《读史方舆纪要》中写道："仙都山，县东二十三里。高六百丈，周三百里。本名缙云山，唐神龙初，以此名县，又名丹峰山，天宝七载改今名。"

它的改名，与唐玄宗有关。

唐玄宗对道教十分尊崇。唐天宝年间，那时的处州称为缙云郡，刺史名叫苗奉倩。

/ 清人绘武则天像（上）和缙云仙都风景名胜区（下）

苗奉倩上报朝廷,说鼎湖峰周围五彩祥云缭绕,鸾鹤飞舞,云中仙乐响亮,山呼"万岁"。

山呼"万岁"出自《史记·封禅书》,它是祝颂皇帝的一种礼仪。

封建社会中马屁奏章自然不会在少数,苗奉倩摸准皇帝胃口,将这一自然现象编成祥瑞之兆呈给朝廷,在奏章中将山呼"万岁"的情形描写得绘声绘色。

天宝是唐玄宗李隆基的年号之一,从742年至756年,共十五年。

唐玄宗与其他皇帝一样,也比较迷信,他认为一生中的大事都已经办完,想要开始享受。在开元二十九年(741),他的同辈兄弟死了两个,为了避晦气,所以改元天宝。

天宝年间,最大的事就是天宝十四年(755)十一月,平卢、范阳、河东三镇节度使安禄山联合史思明在范阳(今北京城西南)以诛杀杨国忠为名发动叛乱,第二年安禄山在洛阳称大燕皇帝,史称"安史之乱",这场叛乱直到广德元年(763)二月十七日才平定,从此,大唐帝国由盛转衰。

天宝年间,唐代还发生了许多的事情:比如天宝元年(742)李白供奉翰林院;天宝四年(745),中国印刷了世界第一份报纸《开元杂报》;天宝六年(747),唐玄宗扩建华清宫;天宝七年(748),鉴真第五次东渡日本。

从天宝年间的大事记来看,我们就不难想象,与苗刺史这样老想着献祥瑞的官员,并非少数。

唐天宝七年(748)五月,唐玄宗下诏各地,要所在的州郡为历代君王建庙。六月,处州刺史苗奉倩借这个契机向朝廷报告了一件祥瑞之事:"六月八日,有彩云起于李溪源,覆绕缙云山独峰之顶,云中仙乐响亮,鸾鹤飞舞,俄闻山呼'万岁'者九,诸山皆应,自申至亥乃息。"

苗奉倩自开元二十八年(740)起任处州刺史,八年的时间,终于抓住了这次机会，投皇帝所好。唐玄宗一听有此祥瑞之景，不禁龙颜大悦，说"真乃仙人荟萃之都也"，于是乘兴御书"仙都"二字，从此，缙云山被敕改为仙都山。元代《仙都志》载，唐玄宗还特敕封仙都山："周回三百里，禁樵采捕猎；建黄帝祠宇，岁度道士七人，以奉香火。"

唐玄宗手书"仙都"二字已不知去向，而其名一直沿用至今。

【龙渊因避李渊之讳改名龙泉】

龙泉古称龙渊，改名龙泉，与避李渊的讳有关。

明代《龙泉县志》记载："近境有剑池湖，世传欧冶子于此铸剑，其一号龙渊。"

龙泉原名龙渊，因剑而得名。

出土的文物证明，在新石器时代，龙泉土地上就有人类活动。东晋太宁元年（323），建龙渊乡，属松阳县。

唐武德三年（620），因避高祖李渊讳，改龙渊乡为龙泉乡。

在封建社会中，帝王的地位至高无上，天下地名、人名与皇帝之名相同则需避讳。唐朝开国皇帝叫李渊，"渊"字便成为李渊的专属，凡是带"渊"的人名与地名均需让路，龙渊改名也是意料之中的事。

唐乾元二年（759），唐朝建立了龙泉县，县治为黄鹤镇（今龙渊镇）。

到了宋宣和三年（1121），诏天下县镇凡有"龙"字者都要避讳，龙泉又改名为剑川县。宋绍兴元年（1131），重新改为龙泉县。

【唐睿宗设青田县】

武周万岁登封元年（696）缙云设县，唐乾元二年（759）龙泉设县，这前后六十三年间处州还设了一个县，那就是青田。

唐睿宗景云二年（711），处州刺史孔综向朝廷奏请，希望分括苍县建立青田县,他的建议得到批准,青田县由此设立。历经五代、宋、元、明、清,青田均隶属处州。

民国初期,废清代道、府、厅、州制。1914 年,浙江省设钱塘、会稽、金华、瓯海四道,青田县属瓯海道。所以前些年曾有些青田老华侨称自己为温州人,有人认为他们是攀附温州之名,而事实上青田也曾被温州所辖。

1917 年,废道,实行省、县二级制。1932 年 6 月实行县政督察制后,青田县先后属第十一区、第二特区、第九区、第六区行政督察区,行政督察专员公署均驻丽水,也就是说青田划归丽水。

到了 1948 年 5 月,青田县划到第五行政督察区,行政督察专员公署驻温州。7 月 1 日,南田区的南田、西坑、三阳、黄坛、呑里、万源乡划给文成县。8 月 1 日,永嘉县的温溪、贵呑、黄坦、霞嵊四个乡和林福、界坑两乡的一部分村划归青田县。

中华人民共和国成立后,青田县隶属温州专区。直到 1963 年 5 月,才改属丽水专区。

/ 青田风光

第十章

宋朝：处州繁盛达到高峰

虽然宋代的朝廷积贫积弱，但宋代经济繁荣，北宋的 GDP 占到当时世界的五分之一左右。

宋代文化复兴、科技发达，老百姓生活很诗意。宋代的丽水，在经济发展、人才培养、对外开放等方面，都取得了前所未有的巨大成就。

第一节　宋代处州籍宰相多

宋代时，丽水人才辈出，一大批名臣驰骋政坛，如左仆射何执中、汤思退，参知政事何澹、赵顺孙，同知枢密院事管师仁、章良能，签书枢密院事叶翥、礼部尚书蒋继周、陈嘉猷，户部尚书梁汝嘉、潜说友，吏部尚书陈恺，兵部尚书陈存，刑部尚书何志同，中书舍人季陵、吴庸、叶涛等。

【宋徽宗的老师何执中】

有人说宋徽宗最不适合干的职业就是皇帝，但不能因此否认他的艺术成就。宋徽宗是中国历史上艺术成就最高的一位皇帝，也是非常有争议的一位皇帝。

龙泉籍宰相何执中,曾经担任过宋徽宗的老师。

何执中(1044—1117),字伯通。宋神宗熙宁六年(1073)进士。宋哲宗绍圣时,五王从师入学,何执中被选为王府记室参军。

记室相当于秘书,他的工作应该就是安排日常的教学活动,或者批改作业什么的。

不久后,何执中就转为王府侍讲,因而与时为端王的赵佶有了师生之谊,这为日后何执中平步青云打下了基础。

何执中初为台州通判,后任亳州通判,与亳州知府、"唐宋八大家"之一的曾巩是同事,何执中与他意气相投,深得曾巩欣赏,曾巩事无巨细都让何执中决断。

何执中非常孝顺,在他做太学博士时,恰好母亲在苏州寓内去世,半夜里邻居家失火,何执中一个人惊慌不已,抱着母亲的灵柩恸哭,誓与俱焚,一直不肯离去。边上的人都为他的孝行所感动,也替他担忧。后来火被扑灭,他母亲的棺材才得以幸存。

宋徽宗继位后,对这位老师十分关照。何执中先后担任中书舍人、兵部侍郎、工部尚书等职。

崇宁四年(1105)二月,何执中自中大夫、试吏部尚书兼侍读除尚书左丞。侍读,也就是陪皇帝读书论学的官,是皇帝的顾问。尚书左丞与参知政事同为执政官,相当于副相。紧接着的大观元年(1107)正月,何执中自太中大夫、尚书左丞加中书侍郎。大观三年(1109)六月,何执中自行中书门下侍郎加特进、尚书左仆射兼门下侍郎,与蔡京一道成为左右丞相。

何执中有一定的改革精神,比如之前官吏铨选时考试指定的典籍,许多都藏在官员家里,他们往往用这种方式舞文取贿。何执中奏请吏部建"库架阁",要求统一放到公署里,命官员看护,这种方法被六曹效仿。

何执中在位时推进了不少改革，力主朝廷及各级官府"节浮费，宽民力"，告诫边塞官员不要惹事，重视改革，爱惜人才。他虽富贵却不忘贫贱时的乡亲，拿出一大笔钱，置义庄赡养宗亲。

当然，被人议论最多的是他追随奸臣蔡京。何执中崇宁四年（1105）任尚书右丞，大观三年（1109）代蔡京为尚书左丞，曾引起太学生们的反对。在他任期间多方迎合帝意，以粉饰太平。政和元年（1111），何执中与蔡京同为宰相。史料记载，由于何执中一味附和蔡京，因此被时人所诟病。

蔡京不再担任宰相后，接任者何执中的业绩也非常平常，不少官员向皇帝上疏要求罢免他，但宋徽宗还是非常信任他。

何执中年纪很大了还一直为朝廷服务。政和二年（1112）后，皇帝觉得他年龄大了，就让他平时在家里办公，每月参与六次朝见就行了。第二年又专门为他安排太傅宅第，让他每月只要初一与十五朝见即可。何执中去世时七十四岁，死后正值皇帝到他家探望，发现其已去世，对来不及探病，宋徽宗十分遗憾，于是停朝三日，并赠他为太师，追封清源郡王，成为丽水历史上唯一异姓封王的历史人物，也是北宋封王的五位文臣之一。

【两度拜相的汤思退】

汤思退（1117—1164）是南宋最具争议的宰相，也是下场最悲惨的宰相。

汤思退生于宋政和七年（1117）。宋绍兴十五年（1145），他考中了进士。汤思退担任过福建政和的县令，后又考取博学宏词科第一名，任秘书省正字。

汤思退的仕途非常顺利，可以说是一路绿灯，绍兴二十五年（1155）八月，汤思退升任端明殿学士、签书枢密院事兼参知政事。九个月后，又升任知枢密院事。

秦桧病危时，召见参知政事董德元和汤思退，嘱咐后事，各赠黄金千两。

汤思退担心如果收了，怕秦桧会认为期望他早点死，于是不敢接受。秦桧倒台后，宋高宗得知这事，认为汤思退不是秦桧朋党，就升了他的官，让他担任同知枢密院事。绍兴二十七年（1157），他升任尚书右仆射，两年后改任尚书左仆射。

南宋的政治，大半是围绕和与战的问题展开的。汤思退是一个典型的主和派，因此与主战派之间的矛盾一定不会少。而主和派与主战派的命运，则取决于皇上的态度。

绍兴三十年（1160）冬，侍御史陈俊卿向他开了一炮，谴责他"挟巧诈之心，济倾邪之术，观其所为，多效秦桧，盖思退致身，皆桧父子恩也"。于是汤思退被免去相位。

孝宗隆兴元年（1163）北伐失败后，主和思想在朝廷渐占上风，孝宗再次任汤思退为相。金朝的元帅纥石烈志宁向宋廷索取海、泗、唐、邓四州，汤思退主张割弃四郡议和。但当时不少大臣反对议和。

隆兴二年（1164），右仆射张浚上奏反对议和，请求迁都建康（今江苏南京），以图进兵。孝宗准奏，传谕制止议和。汤思退却上疏力辩，排斥主战派张浚，致使张浚被罢官，死于被贬的路上。此事使汤思退成为众矢之的，为他日后的命运埋下伏笔。

孝宗则命汤思退修书，答应将四郡割给金国。金国言而无信，不久又挑起战事，这令孝宗十分后悔，于是下令抗金，并命汤思退督江、淮军，汤思退却推辞不干。

金兵自清河口渡过淮河，宋军节节败退。朝野强烈谴责汤思退议和撤备之罪，汤思退被撤职贬往永州。在路上，他听到有人联名上书，说他"奸邪误国"，让皇帝以此罪名处死汤思退。他因而忧悸而死，终年四十八岁。

在去世之前，汤思退曾填过一首词，将自己的一生进行了总结：

西江月·被谪怀感

四十九年如梦，

八千里路为家。

思量骨肉在天涯，

暗觉盈盈泪洒。

玉殿两朝拜相，

金旨七度宣麻。

番思世事总如华，

枉做一场话靶。

这首词虽然悲怆凄婉，但从字里行间，也看出汤思退的文学才华。他的另一首诗《咏石僧》，可以读出汤思退一直来都是一个内心孤独的人：

咏石僧

云作袈裟方石僧，岩前独立几经春。

有人若问西来意，默默无言总是真。

汤思退有《徽宗实录》一百五十卷、《竹轩小集》等传世。

汤思退到底是哪里人，不同的家谱记载不一，有说是青田人，有说是景宁人，有说是龙泉人，也有说是云和人。

据《汤氏宗谱》记载，汤思退是景宁汤氏第七世祖。汤氏二世祖永高于北宋初自青田徙居龙泉石笏（今龙泉市八都镇瀑云安田村）。北宋末年，汤思退的曾祖父汤高迁到龙泉县龙门乡汤侯门村（今属云和县）。也有资料说汤思退一直住青田县城西门。

笔者认为至少在他父亲这一辈就住到丽水城了。理由有三：一是他小时候就在南明山仁寿寺读书；二是汤思退死后，宋孝宗赐以"歧国公"封号，葬在今青田县陈山埠附近；三是元至正二十七年（1367），汤岐公故居被元总管斡勒好古征用，当作府衙，如果不是家在丽水，何来故居。据《浙江通志》记载，汤思退之墓，位于水东凤化村（今属莲都区岩泉街道）。

【英俊有才干的副相何澹】

何澹（1146—1219），龙泉人，是一个非常有才华而且相貌英俊的副相。宋史说"澹美姿容，善谈论，少年取科名"。

何澹出生于仕宦家族，其曾祖父何执文与北宋徽宗朝宰相何执中是亲兄弟，祖母为北宋哲宗朝宰相章惇的曾孙女。他生父为何侑，曾知漳州，提举江南路茶盐司。何澹幼时过继给叔叔何偁为子，何偁曾担任过翰林侍读、尚书秘阁直学士。

何澹十八岁入太学，二十岁中进士，可以说是年轻有为。

庆元二年（1196），何澹任同知枢密院事。不久，他兼参知政事，相当于副相。

因"庆元党禁"事件，何澹于嘉泰元年（1201）七月力请辞职，奉祠禄闲居家乡近七年。《宋史》是这样评价他的："急于荣进，阿附权奸，斥逐善类，主伪党之禁，贤士为之一空。其后更化，凶党俱逐，澹以早退幸免，优游散地几二十年。"

由于何澹、胡纮、叶翥等人在朝廷中对朱熹等为首的"道学"的打压，从而引发"庆元党禁"，这使得后人编辑史书时对他们评价极低，他们也被排除在州及县的乡贤祠之外。

/ 何澹像

闲居在丽水期间,何澹没有忘记乡土建设。开禧元年(1205),何澹奏请朝廷调兵三千人,疏浚处州通济堰,将木筱坝改为石坝;修筑保定村洪塘,蓄水灌溉两千余亩。

何澹死后与夫人朱慧观合葬于通济堰后的小山上。

何澹著有《小山集》,收入《永乐大典》及现代唐圭璋编的《全宋词》。

不少人误以为何澹是龙泉首部县志的编纂者,目前这本志书已找不到了。事实上,南宋宁宗嘉定二年(1209)的《龙泉志》,修纂者为知县林应辰与县丞潘桧,何澹仅仅作过序,在序言中他讲得很清楚。何澹是当时处州最大的官员,县丞潘桧又是他的亲妹夫,请其作序实在是情理之中的事。身为参知政事的他,虽然赋闲在家,但是去编纂一本县志,显然与他的身份和心高气傲的个性相悖。

【莫言先祖:北宋名臣管师仁】

北宋名臣管师仁(1045—1109)是一位有勇有谋、能文能武的朝臣。

管师仁是龙泉石马村人,诺贝尔文学奖获得者莫言(本名管谟业)的祖先。

管师仁与同乡何执中都是宋熙宁六年(1073)的进士,两位年龄相仿的老乡开始了人生极为相似的经历,都是以从事教学工作开始他们的仕途。

管师仁初任沧州教授,为广亲宅、睦亲宅教授,广亲宅、睦亲宅也被称为南宫与北宅,分别为太祖、太宗子孙与秦王赵廷美子孙的教授。管师仁能被选中担任皇族宗亲的教授,说明他的水平与人品,都是被皇上充分认可的。这样的经历,也使他日后的仕途一帆风顺。

管师仁后来离京出任澧州通判,继而管理邵武军、建昌军,政绩都十分卓著,也充分地体现了他的工作能力。他调回京城后任右正言、左司谏、起居郎、中书舍人、给事中、工部侍郎、吏部侍郎、刑部尚书等职。他又以枢密直学士管辖邓州，未行，改为担任扬州兼淮南东路兵马钤辖。辞行时，宋徽宗询问边防之事，管师仁分析得非常透彻，并献"定边策"。

管师仁的才华在任定州安抚使时得到更好的展现。

澶渊之盟维持了百余年的和平，也造成北宋边备松弛，当时辽、夏二国修盟觊觎中原，辽国遣使要求归还曾被金占领现在宋治下的土地，边关震动。

朝廷急调管师仁为定州（今河北）安抚使，负责边防守卫工作。管师仁到任后便精选士卒，下令修筑城墙，疏浚护城河，修缮营房，打造甲胄，储备粮草。

辽国遣使而来，宋朝官吏们都很害怕，不知怎么办。管师仁早有安排，一日之内变成十万军队，外间竟无人知晓。他每日与宾客饮宴聚会，以显示他的空闲，使敌人深信不疑。

辽使入境，见到管师仁的部队阵容强大，军容整齐，大为惊愕，至京师后，就不敢再说要地的事。

宋徽宗对此十分高兴，管师仁一招制敌，轻松解决了王朝的一个大危机。他因而褒奖管师仁说："有臣如此，朕复何忧！"

由于出色的政绩，又加上贵人相助，大观三年（1109）四月，他升吏部尚书、同知枢密院事，相当于副相。何执中此前曾任吏部尚书，此时已是副相，这一年的六月，何执中由副相升任丞相。从管师仁的履历上来讲，升迁过程应该得到了何执中的大力提携。

任职两个月后，因为生病，管师仁就力辞同知枢密院事。后来管师仁官拜资政殿学士、佑神观使。

之后，他到山东高密定居，大观三年（1109）卒。死后葬于汴京，封南阳侯。莫言为高密管氏二十四代子孙,龙泉管氏第三十六代子孙,他还曾专门前来龙泉寻祖。

【学者型副相赵顺孙】

赵顺孙(1215—1277)是缙云人,出生于儒学世家,八岁就能背诵和讲解"九经"(《易》《书》《诗》《左传》《礼记》《周礼》《孝经》《论语》《孟子》)。

一个八岁的孩子,能读这些就不错了,更何况能讲解。赵家是书香门第,十分重视子女的教育。

宋淳祐十年(1250),三十五岁的赵顺孙中了进士,初授教授,应召赴试,升秘书省正字兼景献府教授,后到婺州担任通判。

学识丰富,又有过秘书省正字兼景献府教授经历的赵顺孙,在咸淳元年(1265),迎来人生的另一个非常有利的机会,他担任了秘书郎兼崇正殿说书。

崇政殿说书是宋仁宗景祐元年(1034)置的官名,其实就是担任皇帝的智囊团,他的工作就是为皇帝讲说史书,解释经义。

正是具有这样的履历,所以他担任这一职务之后升迁就特别快,短短五年内,他先后任监察御史兼说书、右正言、左司谏、殿中侍御史、侍御史兼侍读、吏部左侍郎兼侍读、吏部尚书。

宋咸淳六年(1270)赵顺孙拜端明殿学士、同签书枢密院事兼参知政事,两年后又任同知枢密院事。

枢密院事是宋代最高的军事机构,长官为同知枢密院事,副职为签书枢密院事。宋代分权而治,中书省与枢密院分掌文武大权,宰相不得干预军事。非常有意思的是,为了限制武将的军权,军事机构最高长官长时间都由文官担任,这也说明了皇帝对赵顺孙非常信任。

赵顺孙被授资政殿大学士，提举洞霄宫，归里养病。

咸淳十年（1274），赵顺孙任职福州，担任福建安抚使。赵孙顺深知时局无法改变，于是就辞官回家，不久就忧愤成疾，病后他拒医绝药而卒。

赵顺孙著有《奏草》《四书纂疏》《近思录》《精义录》《孝宗系年录》《中兴名臣言行录》《格庵文集》等。

【北宋名相富弼】

富弼（1004—1083），洛阳人，祖籍青田，北宋名相，历仕仁宗、英宗、神宗三朝。苏轼曾在《〈范文正公集〉叙》中说："韩、范、富、欧阳，此四人者，人杰也。"苏轼所说的四杰中的"富"指的就是富弼。

富弼少年刻苦好学，学识渊博。富弼有非常强大的人脉资源，"先天下之忧而忧，后天下之乐而乐"的范仲淹是他的伯乐，他把富弼所写的文章拿给王曾、晏殊看，向朝廷举荐富弼有"王佐之才"，从而让富弼深得二人赏识。王曾是状元出身，也是北宋名相。写"无可奈何花落去，似曾相识燕归来"的晏殊才华横溢，是北宋位高权重的名臣，他后来成了富弼的老丈人。明朝开国元勋刘基的母亲、夫人与儿媳都是富弼的后人。

宋天圣八年（1030），富弼考中进士，担任将作监丞和签书河阳判官，后历任绛州通判、直集贤院、开封府推官、知谏院等官职。至和二年（1055）任同中书门下平章事、集贤殿大学士，与文彦博同为宰相。

富弼前五世祖富韬来到丽水，是南唐时的松州刺史，后来为避战乱，隐居在青田县的南田泉谷村（今属文成县），成为当地富姓开基之祖。

富韬的儿子、富弼的高祖父到河南做官。宋景德元年（1004），富弼生于洛阳。

宋乾兴元年（1022），十九岁的富弼陪父亲富言到青田南田西坑村祭祖扫墓，曾立有一块陶质铭文，上有文字："宋乾兴元年曾孙言自洛率男弼拜祭。"

富弼的第七世孙富直清、富直亮于北宋崇宁年间（1102—1106）弃官归田，由河南迁回青田县的南田泉谷村祖家居住。

可以说，富弼的根在青田。

【南宋抗战派名相朱胜非】

朱胜非（1082—1144），生于蔡州（今河南上蔡），祖上为青田人。

朱胜非于崇宁二年（1103）中进士。靖康元年（1126），他任东道副总管，兼管南京应天府（今河南商丘）政事。在宋高宗赵构继位这件事上，他起到很大的作用。

南宋建炎二年（1128），朱胜非任职尚书右丞，改任中书侍郎、尚书右仆射等职，也就是宰相。但朱胜非的仕途并非一帆风顺。苗刘叛乱之时，他联络韩世忠等勤王，逼使苗刘同意高宗复位。事后他却引咎辞官，改任洪州知府，后改任江西安抚大使兼知江州。因江州失陷，他支援不力，再次被贬为中大夫。

绍兴二年（1132），经宰相吕颐浩力荐，朱胜非再拜尚书右仆射、同中书门下平章事兼知枢密院事。

绍兴五年（1135），朱胜非应诏疏奏战、守四事，历知湖州、宣州等地。秦桧为相后，朱胜非与其不合，废居八年。绍兴十四年（1144），朱胜非去世，享年六十三岁，谥号"忠靖"，封鲁国公。

朱胜非在南宋最艰难的建炎（1127—1130）、绍兴（1131—1162）年间两度为相，积极抗金，不失为一个较好的宰相。

郑汝谐所作的《义阳旧谱叙》中称，朱氏原本是钱塘人士，北宋到后期，

/ 朱胜非像（上）和真德秀像（下）

日渐衰微,金兵进犯,社会动荡,大批人口南迁,他们的鼻祖季札公迁到了缙云,朱胜非的五世祖朱迟玩游青田海溪后就迁此定居。朱胜非的祖父朱戴、父亲朱克明都在蔡州任职。朱迟、朱允、朱戴死后葬于海溪。

青田海溪建有胜非寺,县城有胜非祠。

【理学家真德秀】

真德秀(1178—1235),本姓慎,因避孝宗讳改姓真。始字实夫,后更字景元,又更为希元,号西山,世称"西山先生"。宋淳熙五年(1178)真德秀生于福建浦城仙阳镇,他的祖籍在龙泉县木岱口村。

庆元五年(1199),真德秀进士及第,开禧元年(1205)中博学宏词科。理宗时擢任礼部侍郎、直学士院。他上书要加强军备,在淮南推行屯田,强兵足食以抗金。因而他被史弥远忌惮,遭弹劾落职。后真德秀历任泉州、福州知府。宋端平元年(1234),真德秀为户部尚书,改翰林学士、知制诰,次年拜参知政事,旋即病逝,追赠银青光禄大夫,谥号"文忠"。

真德秀为人正直,积极为朝廷建言献策,奏疏有数十万字,有《真文忠公集》等传世。真德秀是宋代继朱熹之后名望最高的理学家,创"西山真氏学派"。他所著的《大学衍义》为世所推崇,元武宗说"治天下,此一书足矣",康熙皇帝称之为"力明正学"。

第二节　文化教育水平达到历史高峰

宋代是一个文官社会,从宋太祖开始就重文抑武,全国文教兴盛,书院林立。

丽水历史上比较有名的书院有市区的南明书院、莲城书院、圭山书院，缙云的独峰书院、万松书舍、美化书院、五云书院，龙泉的桂山书院、筼洲书院、金鳌书院、仁山书院，遂昌的妙高书院、西庵书院、月洞书屋，青田的石门书院，松阳的明善书院，庆元的松源书院，云和的箬溪书院，景宁的雅峰书院，其中不少是宋代设立的。

正是丽水教育的兴盛，才培养出了一大批优秀的人才，据不完全统计，丽水历史上共有进士一千一百四十八人，其中宋代有九百五十九人。此外，隋朝仅一人，唐代十人，五代六人，元代九人，明代一百三十一人，清代二十二人。

丽水在北宋一百六十八年间，应试三十七科，有进士二百三十四人，平均每科六点三人；南宋一百五十三年间，应试三十七科，有进士七百一十五人，平均每科十四点五人。考中人数最多的是咸淳元年（1265），二十九人考中乙丑科进士。

宋朝有榜眼郑克宽、蔡仲龙、蒋世珍、沈佺，有探花陈存。

宋代父子进士、兄弟同科层出不穷，青田赵氏三代八进士、缙云赵氏五代十八进士、田氏三世四进士，丽水蔡氏一门十四进士，庆元大济吴氏一家二十余进士，类似父子同进士、兄弟同榜等层出不穷，成为丽水科举佳话。

两宋如此多的丽水士子，成为国家的栋梁，轰动朝野，因而南宋中期有"括苍达官最盛""处多贵胄"的说法。

【皇亲国戚青田赵氏】

宋代的宗室非常庞大，朝廷鼓励赵氏后人们通过科举入仕。

赵氏王朝中的皇族宗亲，开枝散叶，分居各地。宋太祖的七世孙赵伯仁从汴梁浚仪(今河南开封)迁居到青田,住在青田县城新市巷内。到了赵伯仁的孙子赵希怿这辈时,子孙三代中出了八位进士,一时声名远播。

赵家家风好,十分注重教育。

淳熙十四年(1187),赵希怿中进士。淳熙十六年(1189),赵汝愚以敷文阁学士知福州,赵希怿成为赵汝愚的下属。赵希怿显示出他的修养与家教,曾说:"治人如修身,治政如理家,爱民如处昆弟。"他的能力得到了赵汝愚的认可,赵汝愚把他推荐给辛弃疾,并得到辛弃疾的高度认可。

绍熙二年(1191),赵汝愚被提拔为吏部尚书,之后一路升至宰相。赵希怿的仕途并非顺风顺水,先后担任江东运司干办、太平州通判、江西茶盐提举,知太平州及平江府。而他之后能成为端明殿学士、昭信军节度使、开府仪同三司,致仕,死后赠少保,封成国公,主要是父以子贵,因为他的孩子过继给了宋宁宗当皇子,也就是后来的景献太子。

宋代赵氏兄弟及其后人轮流坐江山,北宋开国皇帝赵匡胤之后,皇帝一直是赵光义一脉的,而南宋除第一个皇帝宋高宗赵构之外,皇位又重新回归于赵匡胤一脉。

宋庆元四年(1198),由丞相京镗等人推荐,六岁的赵与愿被接到宫中,过继给了失去亲生儿子的宋宁宗赵扩。

赵与愿入宫成为皇子可以说是万里挑一,这得益于青田赵家教子有方。赵家诗书传家,在科举盛行文官治国的大宋王朝,为赵与愿脱颖而出创造了有利条件。

正是由于赵家重视对子女的教育,赵与愿才能被选入宫廷当作皇子,被当作接班人进行精心培养。他十一岁当上了威武军节度使,被封为卫国公;十六岁被立为皇太子,改名赵询,并开始参与政事。可惜的是,他在二十九岁时病逝。

/ 如今的宝幢街

景献太子死后，他的棺木就停放在西湖边，之前庄文太子的棺木也暂时放在那里，后来人们就把这个地方称为太子湾。

青田的宝幢街和圣旨街也与景献太子有关，这两条老街的名字延续了八百多年。据说，宋宁宗下旨召赵与愿入宫时，赵家在新市巷举行了非常隆重的迎候圣旨仪式。宋宁宗除依照规定礼仪外，还特别颁赐宝幢二面。正因为这样，这条街就被百姓改为"宝幢街"，而这里通往赵府不足百米的街巷被称作"圣旨巷"，现在改为圣旨街。

【龙泉何氏、叶氏名重一时】

宋神宗对龙泉人何琬与叶涛非常器重，曾书屏风称"政事何琬，文章叶涛"，两个龙泉人，一个以理政之能，一个以文章之力，深得皇上赞许，成为佳话，也引出了两宋时期龙泉何氏与叶氏这两大显赫的家族。

龙泉何氏是两宋时期浙南最有影响的家族之一。何氏最早在龙泉豫章村生活，以何琬为代表的龙图阁何氏和以何执中、何澹为代表的清源何氏，声名显赫，名重一时。

何琬当过宣州（今安徽宣城）知州，后进入龙图阁，何氏后人称其为"龙图阁大学士"。龙图阁是宋初建立皇家图书及档案馆，龙图阁的官员分为学士、直学士、待制和直阁。直学士为虚职，没有具体的事务和分管内容，主要的工作是担任皇帝的顾问。何琬与苏轼、陈师道、张舜民、秦观、李之仪等都有来往，其子孙散居在和州、无为军、严州等地。

另一支何氏因宰相何执中去世后被封清源郡王，所以何家有"清源何氏"之称。何执中五世祖何谨从福建迁入龙泉豫章村。

家谱记载何琬与何执中为叔侄关系，何氏家谱还记载"自琬称于神宗，其一家宦达，为公卿大夫肩踵相接，始终十朝"，录入"仕宦宋朝及膺封赠居括苍者"一百三十九人。

何执中五世祖何谨从福建迁入龙泉豫章。

何执中拜相后，整个家族的后辈都受其荫泽。何执中长子何志同为元祐六年（1091）进士，因父亲的原因仕途通达，北宋时任颖昌知府，高宗即位后知应天府，其女婿陈康伯为南宋著名宰相。何执中的外孙梁汝嘉曾做过户部侍郎。

何执中侄儿何志寀为政和二年（1112）进士，官至左朝奉郎、尚书主客员外郎，他的夫人是北宋哲宗朝宰相章惇的曾孙女。他们的四个儿子何侁、何侑、何備、何偁都比较有影响力。

何侁、何侑都是荫补出身。何侁曾任於潜县令、荆湖南路转运判官、福建路提刑、知静江府、经略安抚广南西路等。何侑曾知漳州，提举江南东路茶盐司。何備、何偁分别为绍兴十二年（1142）和绍兴二十七年（1157）进士。何備曾为邓王府直讲、中书舍人、工部侍郎兼直学士院、寻以集英殿修撰知衢州，除敷文阁待制致仕。何偁先后出任提举荆湖南路常平茶盐公事、提举浙东常平茶盐、提举福建常平茶事。

何偁夫妻有三儿二女。长子何澹，妻子姚氏去世后过继给四弟何偁；次子何淶，曾经通判隆兴府；季子早逝。两个女儿，一个嫁给了曾任处州龙泉县丞的潘桧，另一个嫁给了青田郑汝谐之子郑如冈，郑汝谐是何澹伯父志修的女婿。郑如冈曾知金华县，后历任知州、监司。

何澹夫人朱慧观，是徽宗朝尚书右丞朱谔的孙女，其有四个儿子处仁、处礼、处智、处信，处智中嘉定十年（1217）进士。他们的女儿何道静，嫁给了丽水名士王信的次子、后来曾知嘉定府的王驹。

何家担任各级官员的人员非常多，尤为可贵的是他们著书立说，多有建树。何执中曾作《周易解》《论语讲义》《孝经解》，何侑著有《览古史断》等，何俯有《中兴龟鉴》《孝经本说》,何俨著有《何氏方》(又称《经验药方》)传世,何澹及处久、处任、处恬,则都以治《书》出身。

龙泉另一个大家族叶家也名人辈出。虽然叶涛文采很好,但仕途并不顺。先后担任国子监直讲、太学博士。绍圣元年(1094)任秘书省正字,编修《神宗实录》,升为校书郎,又升为中书舍人。后来他遭蔡京诬陷,降为光州(今河南信阳)知州。据理申诉后,叶涛官职恢复为给事中,数月后病重亡故,官至龙图阁待制。叶涛是王安石的哥哥王安国的女婿,王安石对叶涛非常器重。还有被称为永嘉学派代表的叶适,也是龙泉叶家后人。山水诗派代表人物叶绍翁、诗人叶子奇都是龙泉叶家中的知名人物。

【耕读传家的曳岭脚村蔡家】

曳岭脚村位于丽水市区西北方向。唐中和年间(881—885),蔡氏先祖因避乱从福建福清迁居龙泉,五代吴越时迁居处州城,后再迁曳岭脚村。

蔡氏非常重视教育,宋代时成为括苍的一大望族。蔡氏在宋代出了十四位进士,其中北宋三人,南宋十一人。

宋皇祐五年(1053),蔡景祐登癸巳科进士。

熙宁九年(1076),蔡惟稽登丙辰科进士。

元符三年(1100),蔡翊登庚辰科进士。

绍兴二十四年(1154),蔡明发登甲戌科进士。

隆兴元年(1163),蔡戬登癸未科进士。

乾道二年(1166),蔡伯尹登丙戌科进士。

淳熙十四年(1187),蔡浩登丁未科进士。

绍熙元年(1190),蔡硕登庚戌科进士。

嘉定十三年(1220),蔡士从、蔡源登庚辰科进士。

绍定五年（1232），蔡登登壬辰科进士。

咸淳元年（1265），蔡梦龙登乙丑科进士。

曳岭脚村全村先后考取进士十四人、举人十二人、征辟十一人、贡生九人，因而有"进士村"之美誉。

蔡氏最突出的是蔡仲龙，嘉定十六年（1223），蔡仲龙考中榜眼。他曾任大理少卿、信州（今四川万县东）知府等，后升授端明殿学士。

蔡仲龙中进士之后，他的弟弟蔡梦龙也中了进士，兄弟双进士，传为佳话。

蔡仲龙、蔡梦龙是兄弟，与蔡浩是叔侄关系，被誉为"一家双桂""一门三人同扣龙门"。

明洪武五年（1372），刘基为曳岭脚村《蔡氏宗谱》作序时说："吾括世族，名阀非一姓，而莫盛于蔡。"

地方志与家谱都说蔡仲龙为状元，原因是状元蒋重珍因病去世了，所以宋宁宗下诏，颁发《赐升状元蔡仲龙敕》，擢升蔡仲龙为状元。

蔡氏家谱中还记有宋宁宗御笔题诗："联魁金玉龙头选，诏下今朝遇己知。上国风光初晓日，御阶恩渥暮春时。内廷考最称文异，胪唱宣名奖意奇。故里仙才若相问，一年攀折两重枝。"

《宣平县志》也收集了这首诗，题目为《恩赐状元诗》。还说蔡仲龙兴奋之余，赋《仲龙谢恩诗》云："圣朝兴运自天开，又直临轩策草莱。廷对自惭无宿构，胪传何意冠群魁。幸瞻北阙承殊宠，忍负南山咏有台。稽首君恩难报称，誓殚忠赤赞规恢。"

而事实上，蒋重珍在嘉定十六年（1223）中癸未科状元后，过了十三年才病逝。考中后，他先后签判建康军、昭庆军、奉国军，担任宝章阁直学士、秘书郎兼庄文府教授，兼崇政殿说书，后来还任吉安知州、刑部侍郎等。至于为什么蔡仲龙会变成状元,尚无法解释。所谓的"御题诗",从内容、语气及诗的题目来看,实在不像是九五之尊的皇帝所写。

【进士辈出的庆元大济村吴家】

大济村位于庆元县城郊,这个历史上不足三百人的小村庄,自宋天圣二年(1024)至明永乐十五年(1417),陆续考中二十六名进士。而这二十六人中的二十五人,都是从天圣二年(1024)年至宝祐四年(1256)这二百三十多年间考中的。他们分别是(括号内为其考中进士的年份):吴榖(1024)、吴毅(1034)、吴克(1067)、吴桓(1070)、吴畀(1073)、吴翊(1073)、吴庸(1076)、吴行可(1076)、吴适(1106)、吴惇夫(1109)、吴彦申(1112)、吴逵(1112)、吴兢(1112)、吴枢(1112)、吴惇常(1121)、吴遵(1124)、吴懿德(1202)、吴焕(1208)、吴淇(1214)、吴昇(1217)、吴人可(1220)、吴巳之(1226)、吴椅(1238)、吴坚(1244)、吴松龙(1256)。

庆元历史上一共有进士三十二人,而大济村就占了近八成。

除了进士,这个村子非进士出身涉足仕途者有一百余人。

宋景德元年(1004),吴姓始祖吴崇煦最早迁到大济,此前他住在松源。

唐天祐元年(904),庆元吴氏始祖吴祎从会稽迁居松源,吴崇煦是他的五世孙。

吴崇煦花了重金建造"豹隐洞"书堂,聘请名师教授四个儿子。

宋仁宗天圣二年(1024),他的长子吴榖高中进士,时隔十年,其次子吴毅再中进士。而吴榖的第五子吴畀和第六子吴翊在熙宁六年(1073)同科考中进士。父辈兄弟十年雁塔题名,子代兄弟同科折桂,一时传为美谈。

在宋政和二年(1112),吴彦申、吴逵、吴兢、吴枢四人同科考中进士。

大济村的读书人纷纷通过科举,入朝为官。其中比较著名的有吴庸,曾任知制诰、龙图阁待制学士，死后赠少师；吴淇曾任户部侍郎。

熙宁三年（1070）登进士的吴桓，曾任长兴知县，他的长女是南宋抗金名将、宋高宗第一任宰相李纲的母亲。

李纲的母亲吴彦钦生于宋嘉祐三年（1058），卒于宋建中靖国元年（1101），在四十四年的短暂生命里，生下了李纲、李维、李经、李纶四个儿子和三个女儿。

李纲之父李夔是中大夫、充右文殿修撰，曾受赠太师并被追封为卫国公，其妻室也晋封为"韩国夫人"，因此吴彦钦在一些史料中也以"韩国夫人"这一封号出现。

吴桓长子吴彦申生于嘉祐八年（1063），比李纲大二十多岁，政和二年（1112），舅甥同科登进士。李纲在文集《梁溪集》中为其舅父吴彦申撰写的《故南昌县丞吴君墓志铭》被收录在《四库全书》中。吴家与李家亲上加亲，李纲弟弟李纶是吴彦申的女婿。

【遂昌大柘村一门九进士】

大柘的周氏在历史上是一个望族，尤其是"一门九进士"在当地影响巨大。

大柘周氏始祖周郁是唐乾宁年间进士，唐末从湖北黄冈迁居遂昌大柘。周郁生谂、总、讠、晟、郢、宸六个儿子。

第六房周宸之孙周沃，宋治平二年（1065）考中进士。周池，熙宁三年（1070）进士。

三年后，第三房周讠之孙周述，在熙宁六年（1073）考中进士。周讠曾孙周绾，崇宁五年（1106）进士。

之后，周赞、周缜、周炤、周仲昌、周若思等人先后考中进士。自宋治平二年（1065）至淳熙十一年（1184），中进士九名，授官三十多人。

他们中还涌现出了一批有影响力的官员，比如曾任吏部侍郎的周绾，勤政爱民,廉洁奉公,政绩卓著,深受皇帝信任。

周郁二十四世孙周螯是武状元,任锦衣卫校尉,明嘉靖三十五年(1556)兵部会试获第一名,建状元坊于杭州北关门内大街。

【缙云云塘村赵氏兄弟五世十八进士】

云塘村也是一个远近闻名的"进士村",赵家自宋绍兴十五年(1145)至咸淳元年(1265)考中进士的有十八人,是一个典型的"进士家族"。

赵琥,南宋绍兴十五年(1145)中进士,任迪功郎,赠邾国公。六年后,赵家迎来了一件非常荣耀的事,赵琥的弟弟赵雄飞和赵琥的儿子赵渡、赵济三人在绍兴二十一年(1151)同科考中进士。赵渡曾任太常博士、礼部员外郎、四川防御使、资政殿学士、集庆军节度使。赵渡因抗金有功,死后受赠为虢国公。赵济死后受赠为太子太保、博平郡公。后裔赵霖、赵元鱼、赵元蛟、赵瑞、赵兰孙、赵顺孙(前文有介绍)等均为进士出身。

赵雄飞官起居舍人。后裔赵善溓,淳熙八年(1181)进士,任兵部员外郎。赵善涟,淳熙十四年(1187)进士,判登闻鼓院。后人赵汝域、赵汝皓、赵崇德、赵崇洁、赵崇镳、赵必瞻等人都考中进士。

赵家为官,讲究气节,如赵必瞻是咸淳元年(1265)进士,任中书舍人,出使蒙古被扣,蒙古官员逼他表示臣服,他说:"吾首可斩,吾志不可夺。"遂遇害,临刑时,他写了两句诗:"生平许国惭无补,化作东风扫虏尘。"赵必瞻死后被封为忠烈大夫。

【中国地方志的鼻祖潜说友】

宋代丽水有一位重要的学人潜说友(1216—1277),他是缙云人。

南宋淳祐元年(1241),二十五岁的潜说友中了进士,他历知南康军、浙东安抚使、两浙转运使。咸淳六年（1270），任中奉大夫代理户部尚书兼临安知府。

潜说友一生对城市建设做了很大的贡献，在担任临安知府期间，重视疏浚西湖，修葺名胜，整修道路。

临安在南宋时已是世界上较大的都市，咸淳七年（1271），潜说友大规模修整街道、桥梁，疏通水井。他尤其重视西湖治理，清除菱荷，加高拓宽苏堤，禁止浣衣、洗马、乱抛粪土，以免污染西湖。

但他有两件事情被人诟病，一是他依附奸相贾似道跋扈专横，二是他任平江（今江苏苏州）知府时曾开城投降。

德祐元年（1275）三月，元军打到苏州，潜说友与部属开城门投降，于是被贬官。宋亡后降元，担任福州宣慰使。景炎二年（1277），因筹措军粮不力被部将李雄剖腹杀死。

潜说友最大的贡献在于地方志编纂，他编纂的《咸淳临安志》体例完备，考辨精确，条理有序，共成书一百卷，与之前的《乾道临安志》《淳祐临安志》被称为"临安三志"，是南宋地方志中的佳作、中国地方志编写的蓝本，为研究临安地方史和宋史提供了重要史料。

【王安石的弟子龚原】

与叶涛同朝为官，同年去世的遂昌人龚原是王安石的学生。

龚原（约 1043—1110），宋嘉祐八年（1063）中进士。他的履历可以说非常丰富，一生起起落落。他先是任国子直讲，后被诬告丢官。哲宗即位后官复国子监丞，先后迁太常博士、国子司业、侍讲、秘书少监、起居舍人、工部侍郎、集贤殿修撰出知润州。徽宗时任秘书监、给事中。因对哲宗丧服之事持异议遭贬，出知南康军，改寿州。三年后复任修撰、知扬州，历兵、工二部侍

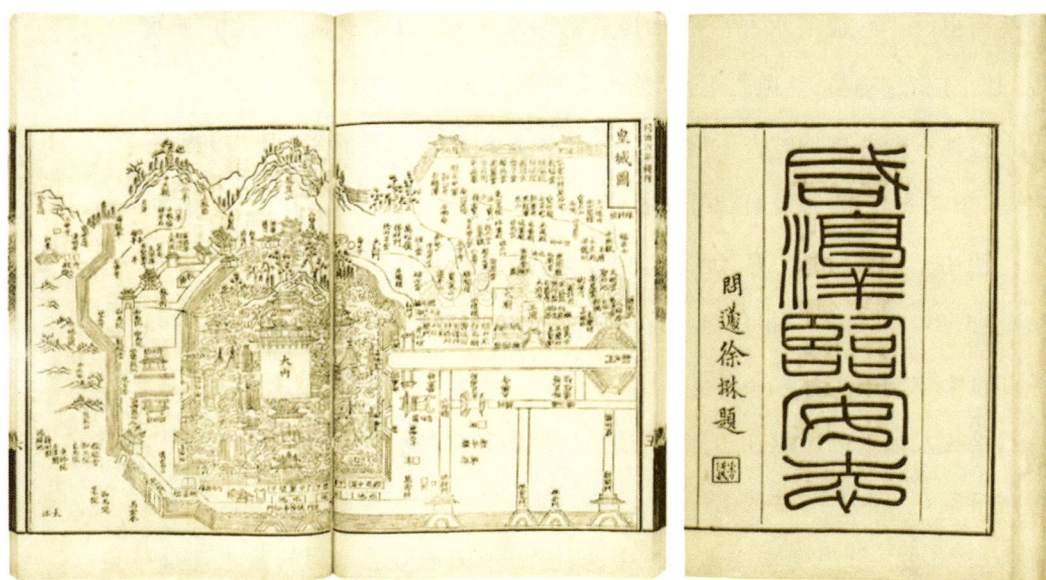

/《咸淳临安志》书影

郎，授宝文阁待制，知庐州，后因谏官陈瓘抨击蔡京事牵累，落职和州。后起任亳州，卒于任上，终年六十七岁。

龚原少时曾师从王安石，是王安石变法的坚定支持者。他还将王安石父子所撰的《字说》《洪范传》等刊印出来，宣传变法维新。龚原精于易学，他的著作颇多，有《周易新讲义》《读解易义》《周礼图》《春秋解》《论语解》《孟子解》《龚原文集》《颖川唱和集》等。

第三节 充满"宋韵"的建筑和水利工程

建筑是一座城市的名片，每个城市都有自己代表性的建筑。宋代是丽水大建设的朝代，现在丽水市区比较知名的建筑如烟雨楼、南园、少微阁、莺花亭等，都是宋时所建。

【宋代名楼应星楼】

在江滨小水门附近，矗立着一座 2009 年重建的仿古建筑，它就是应星楼。新建的应星楼巍峨壮观，共有九层，高达四十五点九米。

"应星"的"星"指的是处士星。老的应星楼所在的位置与新楼相距几百米。南宋开禧三年（1207），由叶宗鲁撰文、何澹书丹的《应星楼记碑》拓本尚存，记述应星楼兴建始末。

应星楼最初由北宋嘉祐年间（1056—1063）的郡守崔愈所建。

崔愈在大溪北岸建起石砌的防洪堤，以防瓯江水患，并在内城河汇入瓯江处建起了应星桥，桥下设有一水闸，有专人负责启闭，用以预防洪水倒灌。建在桥上的廊屋就是最早的应星楼，它与应星桥融为一体。不过一百多年后这一建筑已遭"雨剥风颓",而且随着城市品位的提升,这一建筑显得简陋,当时的官员与百姓都觉得它"无以壮水口"。

开禧三年(1207),郡守王庭芝"撤旧图新",在桥上建起三层高的楼宇,将它命名为应星楼,并在上面挂了匾榜,顶楼立了少微处士星的塑像。此时,真正意义上的应星楼才建成。因此要立碑撰文,以传不朽。这块由叶宗鲁撰文、何澹书丹的《应星楼记碑》,是丽水现存比较知名的七块书碑之一。

应星楼历几代修葺重建,千年屹立。1944年,日军轰炸丽水时,这座千年建筑不幸毁于战火,从此灰飞烟灭。

应星楼历来为市区重要的地标建筑,新建的应星楼也成为市区的一大景观。

【华丽转身的通济堰】

通济堰是丽水的瑰宝,也是丽水人民的骄傲。通济堰历经一千五百年仍发挥巨大的水利功能,其主要的原因是历代官员比较重视对它的管理和养护,有一套较为系统的管理制度和管理方法。

宋代在对通济堰的修浚与管理上,做了四件大事,使通济堰堤坝永固,为千年通济堰奠定了基础。

第一件事就是将木筱改为石头。现在仍保留完好的通济堰石砌拱坝为南宋开禧元年(1205)重修,此前坝体是木筱结构,木头极易腐烂,也容易被洪水冲垮。

开禧元年,朝廷派重兵重建,在如此宽阔的水面筑坝,是一件极为困难的事,于是聪明的先人,想到用千株"千年不烂"的大松木为坝基。为使石坝更坚固,他们沿江筑了三十六座炼铁炉,将炼成的铁水浇铸进石坝缝内,这样二百多米的大坝不再是松散堆砌的石块,而变为一块嵌入无数巨石的大

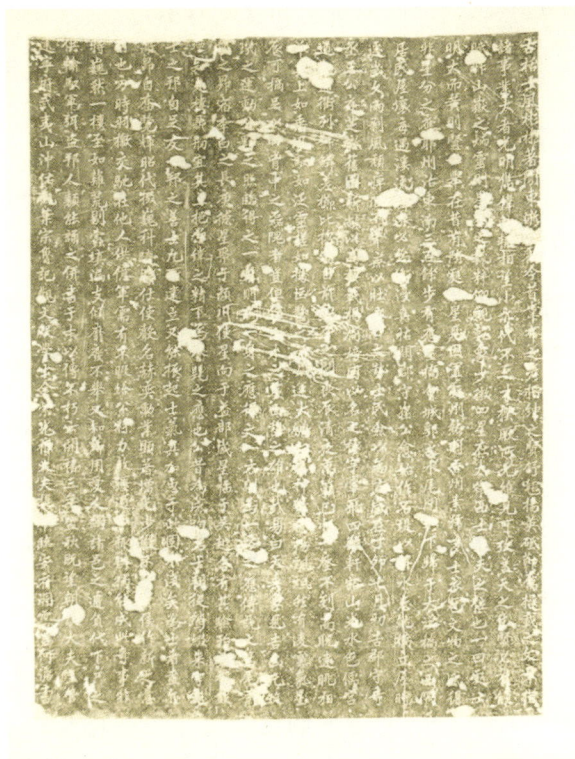

/ 应星楼（上）和《应星楼记碑》拓片（下）

铁板。这两项高超的技术,为大坝千年永固提供了保障。

第二件事情就是建起"水上立交桥"。今天我们看到的"三洞桥",是一件非常了不起的水利杰作。

三洞桥的发明者是丽水人叶秉心,而执行者是知县王褆。

北宋政和元年(1111),丽水知县王褆根据叶秉心的建议,在通济堰上建起了这座立体交叉的石函引水桥,也就是"三洞桥"。泉坑水通过桥面流入瓯江,渠水从桥下流过,两者交叉通行,互不相扰,避免了坑水的沙石堵塞堰渠,使渠水畅通无阻,不需年年疏导。这一工程建成后,大大减少每次洪水来了之后清理堰渠之苦。石函一成,"今五十年,民无工役之扰",充分显示了这一工程的高超水平和良好效果。

第三件事就是制定了详细的堰规,使管理有法可依。

修通济堰是范成大在处州的重要政绩之一。乾道四年(1168),刚到丽水的范成大就主持修浚通济堰,并亲自制定和撰写堰规,立碑勒石。这件事在《宋史·范成大传》中也有所记录:"堰岁久坏,成大访故迹,叠石筑防,置堤闸四十九所,立水则,上中下溉灌有序,民食其利。"

民以食为天,农业生产是古代最重要的税收来源,范成大发现通济堰久已失修,于是他制定维修方案,落实维修资金,分派民夫役工,将通济堰大坝及各处壅塞的水渠疏通。为了能长久地使用通济堰,保护与修缮都是必要的,于是他精心思考,制定了二十条《通济堰规》,成为此后通济堰水利工程最根本的保护大纲。

自范成大后,通济堰历史上曾经数百次大修,但无论哪一次大修,众人似乎都约定俗成,他所制定的二十条规则是根本。如今,在詹、南二司庙里的一块大碑上,我们还能看到范成大写的《重修通济堰规》。范成大的书法清新俊秀,书逼苏黄,更可贵的是碑文内容的价值。

第四件事是取了"通济堰"这个名字。

通济堰这个名字出现在南宋时，之前一直叫"白龙堰"。绍兴八年（1138），县丞赵学老在修完这条滋养碧湖盆地的大动脉之后，给"白龙堰"取了个非常好的名字叫"通济堰"，这个名字一直沿用至今。

【藏有印度高僧舍利的延庆寺塔】

在松阳县城西郊，有一座高耸的斜塔，被称作"东方比萨斜塔"。

这座塔名叫延庆寺塔，是江南诸塔中保存最完整的北宋原物，2006 年被列为全国重点文物保护单位。

延庆寺塔有近四十米高，是一座楼阁式砖木结构建筑，塔身六面七级中空。铁质的塔刹相轮，精致的斗拱，精美的塔壁朱画飞天，四十八个挂在檐角下的风铎，都是这座宝塔的特色。

北宋太平兴国四年（979），与唐僧齐名的行达禅师奉旨西行，历经十年，到达中印度，取得《大经论》八部及舍利四十九粒，归来后受到朝廷嘉赐。他发愿建塔，以藏舍利，经多方筹募，建了永嘉龙翔寺和松阳延庆寺。

宋咸平二年（999），延庆寺塔动工兴建，三年后建成。它初名"云龙塔"，因塔址在云龙山下延庆寺前，一百多年后的南宋建炎四年（1130）改称延庆寺塔。

延庆寺塔经历了千年的风雨洗礼，如今塔身出现倾斜。20 世纪 80 年代修缮古塔时，延庆寺塔塔身倾斜已达两度十二分，偏心距一米多，人们将其称为"东方比萨斜塔"。

【儒释道融为一体的时思寺】

位于景宁大漈乡的宋代建筑时思寺，建于南宋绍兴十年（1140），是全国重点文保单位。

/ 古堰画乡（萧遥 摄）（上）和延庆寺塔（陈炜 摄）（下）

/ 时思寺（上）和留槎阁（下）

　　大漈村由六个行政村并成,全村三千余人,其中六成为梅姓。梅姓先祖在北宋庆历八年(1048)从云和迁来。梅氏耕读传家,宋代出过八位进士。

　　据传梅元屃六岁时,就随父亲守祖父墓,居庐三年不离其侧。这件事在乡里影响非常大,地方官员知道后上报给宋高宗,皇帝也被这个小孩子的行为所感动。绍兴十年(1140),旌表他为"孝童",赐名守孝居住的房子为"时思院"。元至正十六年(1356)奉旨新建时思道场。后来梅元屃考中进士,官至两浙转运使。

　　经过后世人的修建,规模越来越大。明初,大漈属青田县。明洪武元年(1368),同乡的明朝开国元勋刘基书额"时思道场",使之声名远扬。

　　明宣德元年(1426)改院为寺,一直沿用至今。清顺治、乾隆年间曾两度修缮。现存寺院占地近两亩,由大雄宝殿、三清殿、马仙宫等构成,寺院儒、释、道融为一体。

　　1942年,浙江省国民政府迁往云和,这里成为省立临时联合初级中学的校舍。

　　时思寺大雄宝殿为五间四进木结构建筑,1985年经国家文物局古建筑研究所专家鉴定为宋代建筑,2001年7月10日,时思寺被国务院列为第五批全国重点文物保护单位。

　　时思寺大门侧有两株古柏,树龄为一千五百年,是全国最大最古老的刺柏。梅氏宗祠旁四棵千年柳杉,最大的一棵胸径四点四七米,胸围十三点四米,树龄有一千五百多年,是全国胸径最大的同种柳杉。

【苏轼取名的龙泉留槎阁】

　　留槎洲是瓯江上游的一大名胜,留槎阁历来是龙泉城里最显著的地标性建筑。我们看到的这座巍峨的留槎阁是两千年之后新建的。

瓯江经过龙泉城时，留槎洲是一个分割线，它的上段叫蒋溪，下段叫秦溪，留槎洲过去叫作蒋秦圲，它改成如此文雅的名字，与苏轼（1037—1101，世称"苏东坡"）有关。

《龙泉县志》记载，北宋元祐五年（1090），苏东坡将龙泉灵溪之洲命名为留槎洲，并为留槎洲阁书榜，继而陈舜俞题诗。时人谓阁之雄伟、榜之遒劲、诗之警拔为"三绝"。

关于苏东坡取名题榜，与龙图阁待制学士何琬的父亲、进士何之奇有直接关系。何之奇虽中进士，但他生性属闲云野鹤，所以没有入朝为官。他一生喜爱诗文，喜欢结交文友，苏东坡就是他的好友之一。

龙泉许多资料都记载他与东坡泛舟西湖时，苏东坡给他写了书阁之名。一般来说，在船上喝茶喝酒时取个名有可能，在船上题字可能性不太大。不管苏东坡在哪题写的，他的字无疑是镇阁之宝。留槎洲自建成后就是城区一大景观，从绍兴五年（1135）进士季南寿写的《留槎阁记》可以得知，当时的留槎阁建在桥上，桥叫济川桥，是龙泉城两岸通达的唯一要道。

不过比较可惜的是，龙泉这"三绝"，历经兵灾被烧毁多次。元末，苏东坡的书榜毁于战火。留槎阁作为龙泉的地标建筑，屡毁屡建。直到两千年后，现在这座新建的留槎阁才拔地而起。

第四节　宋词里的丽水：诗意与爱并存

宋词是中国文学瑰宝中一颗璀璨的明珠，而丽水在宋词中留下了许多美丽的印迹。

【山抹微云秦学士】

秦观(1049—1100)是江苏高邮人,被尊为婉约派"一代词宗"。

秦观与黄庭坚、晁补之、张耒并称"苏门四学士",他对苏轼非常崇拜,年轻时拜谒苏轼时曾写下:"我独不愿万户侯,惟愿一识苏徐州。"

宋哲宗亲政后,新党章惇、蔡京等人上台,苏轼、秦观等人一同遭贬。秦观被贬为杭州通判,在赴任途中再次被贬,到更远的处州任职。

宋绍圣元年(1094),被苏轼戏称为"山抹微云秦学士"的秦观,来到处州担任监酒税官。监酒税官相当于酒税局长,这也说明了宋代处州酿酒业十分发达,酒税是处州向朝廷缴纳的重要税收之一。

过去的文人骚客都喜欢喝酒,秦观也不例外。秦观原本有着远大抱负,但文人从政,很难做到左右逢源,饱受政治打击的秦观,整日过着酒与诗的生活。他在处州的三年,常常"醉卧古藤阴下,了不知南北"。其间,他所作的《千秋岁·水边沙外》可谓性灵之作:

水边沙外,城郭春寒退。

花影乱,莺声碎。

飘零疏酒盏,离别宽衣带。

人不见,碧云暮合空相对。

忆昔西池会,鹓鹭同飞盖。

携手处,今谁在。

日边清梦断,镜里朱颜改。

春去也,飞红万点愁如海。

正是因为有了像秦观这样的大家，丽水的山水之胜变得更加有韵味。秦观的足迹让后世许多文人墨客对丽水心生向往。嘉庆元年（1796），在清知府修仁的主持下，万象山上建起秦淮海祠，它成为处州百姓凭吊秦观的地方，遗憾的是这一建筑也毁于战火。

【爱国诗人陆游】

南宋著名爱国诗人陆游（1125—1210）多次来到丽水。

陆游是绍兴人，他生逢北宋灭亡之际，少年时即深受爱国思想的熏陶，所以他诗词中的家国情怀、统一中原的雄心，读着让人荡气回肠。

陆游曾在丽水相邻的宁德担任主簿，后又任福州提举常平茶盐公事，因此来回数次路过丽水。其《剑南诗稿》有一诗作：

> 自来福州，诗酒殆废，北归始稍稍复饮。至永嘉、括苍，无日不醉，诗亦屡作，此事不可不记也。
>
> 尊酒如江绿，春愁抵草长。
>
> 但令闲一日，便拟醉千场。
>
> 柳弱风禁絮，花残雨渍香。
>
> 客游还役役，心赏竟茫茫。

陆游对丽水非常有感情，他的老朋友范成大曾当过处州知府，他非常崇拜的词人秦观曾在丽水任职。从他的诗可以看出，宋绍兴三十年（1160）春，陆游从宁德离任回朝廷时，路过丽水受到友人的盛情款待，并且游了万象山，他说"安用移封向酒泉，醉乡只拟乞南园"。

陆游在诗中说从宁德一路过来都懒得出游,唯有括苍却让他流连忘返,在南园与秦观隔时空对话。

莺花亭

沙外春风柳十围,绿阴依旧语黄鹂。

故应留与行人恨,不见秦郎半醉时。

他先后在丽水写下了多首诗歌,留下"一到南园便忘返,亭边绿浸琵琶洲"的千古佳句。

五十年后,陆游对丽水念念不忘,并写诗纪念。

【松阳女词人张玉娘】

南宋女词人张玉娘(1250—1277)是松阳人,虽然她仅活到二十八岁,却千古留名,与李清照、朱淑真、吴淑姬并称"宋代四大女词人",其凄美的爱情故事流传至今,堪称浙西南版"梁祝"。

张玉娘出生于仕宦家庭,自幼喜好文学,尤其擅长诗词。她一生留下了一百一十七首诗,十六阕词。她为未婚夫进京赶考所作的《山之高》是其代表作之一。

(一)

山之高,月出小。

月之小,何皎皎。

我有所思在远道。

一日不见兮,我心悄悄。

/ 张玉娘塑像（上）和兰雪亭（下）

（二）

采苦采苦，于山之南。

忡忡忧心，其何以堪。

（三）

汝心金石坚，我操冰雪洁。

拟结百岁盟，忽成一朝别。

朝云暮雨心去来，千里相思共明月。

张玉娘十五岁时，与她同龄的表兄沈佺（1250—1272）订婚。沈佺是宋徽宗时状元沈晦的七世孙，与表妹张玉娘情投意合，无奈张家比较势利，看到沈家家道中落后便想悔婚。在张玉娘的鼓励下，沈佺日夜苦读，最终赴京考试，金榜题名，高中榜眼，然而不幸的是他得了风寒，张玉娘得知其病重便寄书给他，发誓"妾不偶于君，愿死以同穴也！"可惜一对佳偶还未完婚，沈佺便病逝了。

沈佺的死对张玉娘是致命打击，饱受相思之苦的她终日以泪洗面，最后绝食而死。

张玉娘之死让张、沈两家既伤心又震撼，最后双方同意将张玉娘与沈佺合葬。一个多月后，她的侍女霜娥由于伤心过度忧郁而死，另一名侍女紫娥也自尽，她们家的鹦鹉也"悲鸣而降"。张家便把这"闺房三清"（即霜娥、紫娥和鹦鹉）陪葬在沈佺、玉娘的墓左右，这便是非常有名的"鹦鹉冢"。

张玉娘著有《兰雪集》两卷，有人称之为李清照《漱玉集》后第一词集。

【西昆体诗派的代表诗人杨亿】

西昆体诗派代表诗人杨亿（974—1020），曾在处州担任知府。

北宋初年的诗坛，最有影响力的诗派叫"西昆体"，为宋初三体（白体、西昆体、晚唐体）之一，这一诗派的代表人物是杨亿、刘筠、钱惟演。

"西昆"乍看起来是一个很奇怪的名字，但其中深有典故。据《山海经》和《穆天子传》中的记载，昆仑之西群玉之山是帝王藏书的地方。宋景德二年（1005）至大中祥符六年（1013）间，在皇帝藏书的秘阁任职的一大批文人，除了日常工作之外，常在一起饮酒作诗，相互酬唱。十七位诗人一起出了本诗集，收录了二百四十七首诗，其中杨亿、刘筠、钱惟演占了二百零二首。这本诗集取名《西昆酬唱集》，杨亿相当于主编，"西昆体"的名字由此而来。

西昆体诗派学习李商隐、唐彦谦等人的诗歌，辞藻华丽，对仗工整，且善于运用典故，偏重近体诗，这部诗集对后世影响非常大，学子纷纷效法，在宋初诗坛独领风骚四十余年。

文坛盟主欧阳修评价他们"先朝杨、刘风采，耸动天下，至今使人倾想"。清代学者全祖望认为西昆体是"宋诗之始"。

杨亿是福建浦城人，是一名神童，七岁能写文章，十岁能赋诗，十一岁时被宋太宗召入京城，他即兴赋诗《喜朝京阙》，表达了"愿秉清忠节，终身立圣朝"的远大志向。宰相惊诧于杨亿的才华，于是亲自为杨亿刻章以表示庆贺。宋太宗非常高兴，当即封杨亿为官，让他担任秘书正字，他应该是北宋朝除皇子皇孙之外年纪最小的官员了。

杨亿历任著作佐郎、翰林学士、户部郎中、知制诰、工部侍郎等。他政治上主张抗辽，反对宋真宗劳民伤财、大兴土木和求仙祀神。其仕宦生涯也并不都在馆阁之中，曾多次出任地方官，接触过较为丰富的社会阅历。他以骈文名世，著有《武夷新集》《浦城遗书》《杨文公谈苑》等。

宋真宗咸平元年（998），二十七岁的杨亿，任右正言，在集贤院编修，完成了《太宗实录》的编撰工作，全书有八十卷，其中五十六卷是杨亿独自起草,因编《太宗实录》有功,杨亿被越级提拔为门下省左司谏。随后,杨亿以照顾母亲为由,上书给宋真宗说,希望能在江浙一带的小州里任职,这样更方便照顾母亲,以解思念之情。宋真宗开始舍不得他走,但杨亿一再坚持,于是只好放行。同年九月,宋真宗让杨亿到离浦城非常近的处州担任知州。

三个月后,杨亿到处州上任。一上任杨亿就上了《知处州谢到任表》,以表达对宋真宗的谢意。杨亿在处州业绩比较突出,留下了《论龙泉县三处酒坊乞减额状》《奏乞改白龙县依旧为松阳县状》等奏状和《处州丽水县厅壁记》《处州龙泉县金沙塔院记》《处州郡斋凝霜阁记》等文章。

咸平四年(1001),宋真宗又将二十八岁的杨亿调回京城。杨亿在丽水还留下了多首诗歌。

【江湖诗派的代表诗人叶绍翁】

江湖诗派是南宋时期的一个诗派,因书商陈起(生卒年不详)所刊《江湖集》《江湖前集》《江湖后集》等诗集而得名。其代表诗人叶绍翁(1194—1269)大家非常熟悉,他的名句"春色满园关不住,一枝红杏出墙来",可谓家喻户晓。

叶绍翁祖籍建安浦城,原来姓李,后来过继给龙泉望族叶氏。宋光宗至宋宁宗期间,叶绍翁曾在朝廷做小官,与真德秀关系非常好。他长期隐居在杭州西湖边,写诗酬唱。他的诗以七言绝句最佳,历来为人们所传诵,留有诗集《靖逸小稿》《靖逸小稿补遗》。

他写的《四朝闻见录》杂叙宋高宗、孝宗、光宗、宁宗四朝轶事,颇有史料价值,补了正史的不足,被收入《四库全书》。

【"词中之冠"周邦彦】

宋朝的处州知州一共一百三十六位，在他们中，词人不少，周邦彦是其中的佼佼者。

周邦彦（1056—1121），字美成，宋钱塘（今浙江杭州）人，曾被称为"词家之冠"或"词中老杜"，在宋代影响甚大。宋宣和年间（1119—1125），他曾在处州当过知州。周邦彦当太学生时就写过《汴都赋》，名噪一时，被皇帝提拔为太学正。由于他不愿意与奸相蔡京等人合作，因此被贬。到宋徽宗赵佶时，他入拜秘书监，进徽猷阁待制，任大晟府提举。大晟府就是专门为朝廷谱制词曲的机构，通俗一点就是皇家歌舞团，是国家最高的音乐机关。

周邦彦虽然名气很大，但他的名气还抵不过他的情人。他的情人叫李师师，是京城四大名妓之一。

相传周邦彦与李师师在约会时，刚好宋徽宗来了，他就躲到床底下。后来第二次宋徽宗再来时，李师师就唱了个曲子《少年游》，宋徽宗一听，发觉是讲那天他来看她的事。后来经了解，这首词是精通音律、擅长叙事的周大才子写的，宋徽宗非常恼火，找个理由把他贬到了外地。周邦彦感谢皇上对他从轻发落，专门填了一首词叫《兰陵王·柳》以谢：

柳阴直，烟里丝丝弄碧。隋堤上、曾见几番，拂水飘绵送行色。登临望故国，谁识京华倦客。长亭路，年去岁来，应折柔条过千尺。

闲寻旧踪迹，又酒趁哀弦，灯照离席。梨花榆火催寒食。愁一箭风快，半篙波暖，回头迢递便数驿，望人在天北。

凄恻，恨堆积。渐别浦萦回，津堠岑寂，斜阳冉冉春无极。念月榭携手，露桥闻笛。沉思前事，似梦里，泪暗滴。

/ 叶绍翁的杏园

这故事不足为信，但这首词却是真实的。

周邦彦诗、词、文、赋无所不擅，他集婉约词之大成，使婉约词在艺术上走向高峰。

不过非常遗憾的是，他在处州的词作几乎没有留下来。

【"中兴四大诗人"之一的范成大】

乾道四年（1168）八月，被称为"中兴四大诗人"之一的范成大来到处州，主政这一方土地。

范成大（1126—1193），是平江府吴县（今江苏苏州）人，与杨万里、陆游、尤袤合称南宋"中兴四大诗人"，与陆游、朱熹、张孝祥合称"南宋书法四大家"，著有《石湖集》等。

绍兴二十四年（1154），范成大中了进士。乾道二年（1166）二月，因从著作佐郎升任吏部员外郎时，范成大被弹劾越级提拔，因此罢职。

乾道三年（1167）十二月，范成大被起用为处州知州。任职十个月后，被召回朝。

范成大在处州的时间非常短，但他干了许许多多群众关心的大事——创义役、设义仓、修通济堰、建平政桥、筑莺花亭等，为处州的发展干了不少好事，留下好政声，是历代郡守知州的标杆之一，也体现了一位能臣的作为。

【"宋词四大家"之一的姜夔】

南宋词人姜夔（1154—1221），字尧章，号白石道人，饶州鄱阳（今江西鄱阳）人，是南宋的词坛领袖之一，在文学史上有杰出的地位。他多才多艺，诗词、散文、书法、音乐无不精通，他的词清空骚雅，自创一派，是继苏轼之后又一难得的艺术全才。

姜夔少时贫寒,四次参加科举考试都名落孙山,仕途不顺的姜夔四处流寓,一生都没有入仕,靠卖字和朋友接济为生。

晚年姜夔在杭州定居,宋开禧二年(1206),曾游历丽水,作《虞美人》:

括苍烟雨楼,石湖居士所造也。风景似越之蓬莱阁,而山势环绕,峰岭高秀过之,观居士题颜,且歌其所作《虞美人》,夔亦作一解。

阑干表立苍龙背,三面巉天翠。东游才上小蓬莱,不见此楼烟雨未应回。

而今指点来时路,却是冥濛处。老仙鹤驭几时归,未必山川城郭是耶非。

【李之仪察访处州】

提起李之仪(1048—1117),我们就会想到他"我住长江头,君住长江尾,日日思君不见君,共饮长江水"的词句来。

宋代词人李之仪是北宋中后期"苏门"文人集团的重要成员,官至原州(今宁夏固原,一说为甘肃庆阳)通判。其《卜算子·我住长江头》一首为宋词中的精品。

熙宁六年(1073)八月,经王安石的举荐,提举司天监,沈括奉命视察两浙农田、水利、差役等事,并了解新法在各地的执行情况。

沈括一行有黄颜、李之仪、王子京等。他们从金华到丽水、青田再到温州,在仙都、南明山、石门洞的石壁上,都有他们一行的摩崖题刻。

虽然李之仪的诗词中,找不到写丽水的内容,在缙云却留下沈括写仙都的诗句:"苔封辇路上青山,鹤驭辽天去不还。惟有银河秋夜月,鼎湖烟浪到人间。"

沈括、李之仪一行回京后，对丽水实实在在的影响，就是通过上奏减免了两浙税赋，令丽水百姓获得了减免税赋的红利。

李之仪与苏轼亦师亦友，曾在定州（今河北保定）做过苏轼的幕僚。两人朝夕酬唱，李之仪不免受苏轼影响，后人评价其文章有"苏轼之体"。他与秦观、黄庭坚、张耒等苏门弟子关系密切，感情深厚。李之仪和秦观在诗词上造诣深厚不分伯仲，苏轼曾称李之仪词文"与秦观上下"，前人也多称李之仪"不减秦观"。

绍圣元年（1094）春，秦观因党籍被贬处州，李之仪置酒相送，赋《采桑子·席上送少游之金陵》：

> 相逢未几还相别，此恨难同。细雨蒙蒙，一片离愁醉眼中。
> 明朝去路云霄外，欲见无从。满袂仙风，空托双凫作新鸿。

宋代除了上文提到的这些著名诗人之外，能文、善书、精画、擅长金石的刘泾在丽水任过职，官至同知枢密院、参知政事的楼钥多次到过丽水，王安石写过文章《石门亭记》，状元王十朋游览丽水也留下不少名句……

如此多才华横溢的文人墨客留下的诗词，以他们真实的体验，用文学的形式，为世人构建了一个世外桃源般的丽水。

第五节　手工业发展与对外开放

宋代丽水的发展，还有一个重要的标志，就是手工业空前发展，从而带动了对外开放，通过青瓷这一产品，让千年前的丽水就通过海上丝绸之路，与世界连接。

【技艺登峰造极的龙泉青瓷】

龙泉青瓷,是海上丝绸之路的重要商品。

一直以来,龙泉人有优越感,主要原因就是龙泉产业发达,过去曾是丽水最有活力的地方。龙泉之所以在经济、文化、人才培养方面都走在丽水前列,与青瓷的生产是密不可分的。

中国是瓷器之国,千百年来,陶瓷制作的技艺在中国流传不绝。出产青瓷的龙泉窑是我国制瓷史上烧制时间最长、影响最大的一个窑系。五代时期,龙泉人利用当地矿石与木材优势,烧制出青瓷,并不断总结这一技艺,到宋代时制瓷水平达到炉火纯青的地步,南宋时烧出如玉的粉青釉和梅子青釉,代表着龙泉青瓷的制作技艺达到登峰造极的高度。

龙泉青瓷是分布在丽水及闽北地区的窑系,窑址绵延数百公里。目前发现烧制龙泉青瓷的古代窑址有五百多处,龙泉市境内有三百六十多处。

宋代龙泉瓷业之所以快速发展,一是由于龙泉地处偏僻远离战争。北方汝窑、定窑等被战争破坏,南方越窑相继衰落,这是远离战争的龙泉发展的好机会。二是青瓷制作技术大大提升。宋代由于北方制瓷技术的传入,龙泉窑结合南艺北技,登上了我国青瓷史上的顶峰。三是瓷土资源丰富,是制瓷业发展的重要条件。四是山多树密,为烧窑提供了木材。

由此龙泉很快成为越窑之后的另一个窑业中心。宋代庄绰《鸡肋篇》谓:"处州龙泉县……又出青瓷器,谓之秘色,钱氏所贡,盖同于此。"据史料记载,在宋元时代,瓯江两岸,瓷窑林立,烟火相望,江中运瓷船只来往如织。

宋代有三件事奠定了瓷业的地位。

一是朝廷派官员管理龙泉窑务。太平兴国七年(982),宋太宗派殿前承旨赵仁济监理越州窑务兼理龙泉窑务。

/ 千年龙泉窑

二是解决了交通问题,疏浚瓯江河道打通了青瓷走向世界的通道。宋元祐七年(1092),对龙泉下游瓯江河道进行大规模疏浚整治,打通龙泉青瓷的出海线。龙泉青瓷可以通过瓯江运往各大码头,然后再销往世界各地,产品优势十分明显。瓯江流域便捷的运输线,给龙泉打开世界之门创造了条件,为龙泉带来滚滚财源。

三是越窑衰落导致窑业中心向浙西南转移。南宋之后,政治经济中心南移,这时的汝窑、定窑遭受破坏,越窑由于战争原因,加之四明山木材的匮乏,所以渐渐衰弱,这时大批的窑工转移到龙泉,提升了龙泉的制瓷水平。

龙泉青瓷因炼制技艺上的差别,分"哥窑"与"弟窑"。关于这两窑最早的记录出现在明代人的记载里,哥、弟两窑是两个兄弟由于制瓷技艺不同而进行区分的结果。哥哥叫章生一,弟弟叫章生二,两人都是瓷器的行家,还流传着许多他们制瓷的传说,历史上是否真有章生一与章生二,目前无法考证。

哥窑是釉面开片的黑胎青瓷,胎薄如纸,釉厚如玉,釉面布满纹片,紫口铁足,胎色灰黑。以冰裂纹、蟹爪纹、牛毛纹、流水纹、鱼子纹、鳝血纹、百圾碎等加之,其釉层饱满、莹洁,素有"紫口铁足"之称,与釉面纹片相映,更显古朴、典雅,堪称瓷中珍品。由于这种技艺的独特性,哥窑与官窑、汝窑、定窑、钧窑并称为宋代五大名窑。

弟窑有白胎和朱砂胎青瓷,釉层丰润,釉色青碧,光泽柔和,晶莹滋润,胜似翡翠。有梅子青、粉青、豆青、月白、淡蓝、灰黄等不同釉色。

龙泉青瓷到明代中期以后逐渐衰弱。到 20 世纪初,龙泉窑火几乎熄灭。直到 1957 年,周恩来总理批示"龙泉青瓷一定要早点恢复生产"。龙泉青瓷枯木逢春,迎来了新的发展。

/ 龙泉青瓷

2006 年 6 月 2 日,龙泉青瓷传统烧制技艺经国务院批准列入第一批国家级非物质文化遗产名录。2009 年 9 月 30 日正式入选联合国教科文组织的《人类非物质文化遗产代表作名录》,是全球第一也是唯一入选的陶瓷类项目。2007 年 6 月 5 日,经文化部确定,徐朝兴被列入第一批国家级非物质文化遗产项目 226 名代表性传承人之一。

【风靡全国的丽水酒业】

酒是我们生活中的一个重要符号,"无酒不成宴"是中国人的饮食文化。中国最具有代表性的酒莫过于白酒和黄酒,而西方以葡萄酒为主。

中国制酒历史悠久,酒几乎渗透于中华上下五千年的文明中,酒与政治、经济、文学、艺术息息相关。

酒是古往今来中国的文人墨客解脱束缚、自由创作的重要推动力,最为典型的是魏晋名士大多为酒鬼,而唐宋诗人也多是好酒之徒。杜甫《饮中八仙歌》这样写道:"李白斗酒诗百篇,长安市上酒家眠。天子呼来不上船,自称臣是酒中仙。"李白和杜甫,一个"酒仙",一个"酒豪"。苏轼《和陶渊明〈饮酒〉》中说"俯仰各有态,得酒诗自成"。古时绍兴兰亭还出现曲水流觞的风俗。

中国古代的名篇,八九不离酒。无论是唐诗、宋词、元曲还是明清小说,如果离开了酒,文学的精彩就会淡很多。

丽水酿酒的历史非常久远,从出土的文物来看,至少在四千多年前的好川文化时期,丽水人就会酿酒。宋代时,酒具成为龙泉青瓷非常重要的产品,这足以说明酒文化的丰富。

丽水历史上最有名的酒是金盘露,宋代时就是贡品。元代《酒小史》将金盘露排在全国知名美酒第十一位,明代被列为全国七大名酒之一。明人顾清在《傍秋亭杂记》中记载:"天下之酒,自内发外。若山东之秋露白、淮安之绿豆、括苍之金盘露、婺州之金华、建昌之麻姑、太平之采石、苏州之小瓶，皆有名。"王世贞《酒品前后二十绝》中称："金盘露，出处州，佳在南品之上，亦以不甘为难耳。"

金盘露最早在现在的曳岭一带酿造，与其他酒的制作工艺的最大不同是，金盘露酿造时加入了生姜汁，使它别有风味。李时珍的《本草纲目》记载："处州金盘露，水和姜汁造曲，以浮饭造酿，醇美可尚。"

如今酿造这种酒的工艺已失传。现在丽水人饮用米酒有加姜丝和红糖的习惯，或许源于古时酿造金盘露的工艺。

宋代还有一种丽水的美酒，叫栝滩清，酿造方法现也已失传。

北宋时，丽水的酒市十分繁荣，处州府已有监酒税这一官职。宋代钱塘人王琮曾居丽水，在市郊三岩寺游玩时写下"闲携一壶酒，来对雪岩斟"的诗句。钱竽在诗中也写道："但得绿樽闲对酌，何须红袖醉相扶。"这些诗句都印证了丽水酒业的发达。

第六节　农业生产达到历史高峰

宋代丽水的发展，也体现在农业上。《宋史》有多处记载丽水农业的发展。

【好山好水出好茶】

茶为国粹，茶为国饮，茶为国礼，茶起源于中国，盛行于世界。

中国是茶的国度，喝茶是人们共有的一种习惯，甚至茶与禅一样，茶禅一味。

茶叶最早作为祭品，春秋之后也当菜食，到西汉中期引为药用，到了西汉后期，茶已成为皇宫饮品。

/ 茶农采茶忙（毛进军 摄）（上）和茶亭向晚（下）

茶叶很早就是一味中药，《神农本草经》曾有记载"神农尝百草，日遇七十二毒，得荼（茶）而解之"，说明了茶叶历史悠久。

唐代陆羽在《茶经》中写道："茶之为饮，发乎神农氏，闻于鲁周公，齐有晏婴，汉有杨雄、司马相如……皆饮焉。"

中国有六大茶系，分别为绿茶、黄茶、乌龙茶（青茶）、红茶、黑茶、白茶。

到了唐宋时，茶已成为与油盐一样的生活必备品，也是国家重要的税收来源，其交易受国家垄断。我国从唐代开始就由政府专卖，开收茶叶税。宋代榷茶制更加完善，朝廷在各主要茶叶集散地设立管理机构，称榷货务，主管茶叶流通与贸易；在主要茶区设立官立茶场，称榷山场，主管茶叶生产、收购和茶税征收。宋代在全国共有稳定的榷货务六处，榷山场十三个，通称六务十三场。

丽水好山好水好土地，产茶的历史非常悠久，在四千多年前的好川文化遗址出土的文物中，就有茶具。

遂昌在北宋时已是全国四十个著名茶场之一。

宋代处州每年都要向朝廷进贡茶叶，崇宁年间（1102—1106），朝廷在处州府及青田、遂昌设茶场，派驻管理茶叶的"茶事官"，统一管理茶叶，茶商向茶场纳税。

1915年巴拿马太平洋博览会上，景宁出产的惠明茶获得金质奖章。

【人工栽培香菇技艺开始流传】

香菇是食用菌中的珍品，人工栽培香菇是从南宋开始的。

宋高宗建炎四年（1130）出生于地处龙泉、庆元、景宁交界处的龙岩村的吴三公，是香菇人工栽培技术最早的发明者，被称为"香菇鼻祖"。

龙岩村属龙泉县，1958年龙泉与庆元并县时划入斋郎公社，称兴龙生产队，龙泉、庆元分县后属庆元县。

/ 古代传统香菇生产方法"惊蕈术"（上），菇民在出行途中（下）

/ 砍倒的木材被菇民称为"樯"(上),香菇种植场(下)

吴三公也叫吴昱,因其在兄弟中排行第三,故称三公。在长期生产劳动中,发明了椴木"砍花法"和"惊蕈术"栽培香菇,沿用八百多年,堪称人类农业领域的"非物质文化遗产"。如今香菇培育经过改良,由砍花法变成种植法,20世纪80年代末开始,袋料香菇生产面积不断扩大,成为全国各地脱贫致富的好项目。

香菇营养丰富,味道鲜美,素有"诸菌之冠,蔬菜之魁"的美称,是我国传统的山珍之一,也深受东南亚国家食客的喜爱。常食香菇对于佝偻病、感冒、高血压、高血脂等疾病有预防作用。

【一年两熟的松阳稻】

丽水之地,山高险峻,《太平寰宇记》说丽水河流"水清如镜","两岸连云,高岩壁立"。这样的自然条件,农业生产难度大,粮食生产困难。丽水的农作物以水稻为主,兼产粟和麦,山区主要依赖桑、麻生产,每年以葛、苎布、绵、绫、绢等为贡物。

水稻生产在南宋时迎来的最大变化,就是种植双季稻。

《宋史》记载,至道二年(996),"大有年。是岁,处州稻再熟"。

这一时期,种植的是占城稻。

占城稻是外来物种,是产于越南中南部占城的高产、早熟、耐旱稻种,又称早禾或占禾,属于早籼稻,自种至收仅五十余日。唐末五代时期就传入福建。真宗大中祥符(1008—1016)年间,地方官员从福建一次取占城稻种三万斛,推广于江淮、两浙等路。占城稻与晚稻配合成为双季稻,使产量大大增加,这是农业生产的一大飞跃。

/ 松阳稻

第七节　税费与役法改革

处州是宋代税费改革的一个试点地区,酒税减少与义役的施行,就在处州推开。

【酒业从包税制到定额税的转变】

宋代实行包税制度,这是税收制度的重要改革。官府核计应征数额,再进行招商承包,承包者按定额向官府纳税,超额的归承包人,不足部分由承包人补齐。这种包税过程往往会出现任人加价拍卖的情况,而拍得者可以从中获利。

丽水宋代酒业发展较好,交易十分活跃。由于五代十国时,吴越国军队在庆元与福建交界的地方打仗,钱俶调集了很多士兵驻扎在那里,开辟了战场的同时,也形成了酒的市场。当地商家将酒卖给将士们,生意十分兴隆。

宋咸平二年(999),新任知府杨亿来到处州两个月后,便向宋真宗上疏《论龙泉县三处酒坊乞减额状》,请求朝廷能体恤百姓,以实际的交易额来定税,对龙泉县的松瞿、小梅、松源三处酒坊减少税收。他在这篇奏章里说,五代十国时,吴越国龙泉县民张延熙非常贪婪,用一千零九贯八百一十九文钱"扑"了县内三个酒坊的定额税,获利丰厚。因此,他提出让朝廷减税。同年九月,朝廷下旨差命官专监,取一年收到的钱为额。

这篇奏章诉求明晰,文笔优美,处处体现了杨亿关心民瘼、实事求是的精神,这种以实际销售的定额税制,与过去的包税制相比,是一大进步,体现了宋代官员对民生的重视。

杨亿的这篇奏章中，还创造了一个新词叫"扑卖"，是宋元时的一种包税制度，就是政府向民间出包酒税权，今天广为流行的"拍卖"一词就源于此。古时，"扑"与"博"音近，所以"扑卖"常被写作"博卖"。而今天拍卖的"拍"，又曾有与"博"一样的音。

【创义役法】

义役是宋代役法之一，是应役户进行互助代役的一种方式。

采取义役是南宋役制的重大改革，它由处州向全国推广。以一乡或一都为单位，由应役户出田或买田若干作助役田，所收田租充应役费用。出田多少，贫富不等。

宋乾道五年（1169），到处州担任知府的范成大，在充分进行社会调查的基础上，发现处州民众经常因为劳役之争而发生聚讼，范成大于是积极鼓励松阳当地推广义役。

具体的措施为：根据各户服役任务及家产厚薄分摊银钱，这些钱用来购买农田，作为服役的费用；每年以田租收入补助服役者；管理田产的人由大家集体投票推选；大家自主排定报役时间，轮流服役，二十年为一周期；官府不得插手干预。这一做法效果非常好，在松阳成功实践的基础上，在处州境内推行。

《宋会要辑稿》记载："（乾道五年，）松阳县有一二都（今望松乡以南一带），自相要约各出田谷以助役户，永为义产，总计为田三千三百余亩……"

范成大向朝廷上奏处州松阳开展义役的好处，希望将此法在各地推广，朝廷并没有采纳。乾道七年（1171），范成大任中书舍人时，再次上奏提出推行于各地，得到宋孝宗的赞同，从此，义役法向全国推开。

但义役法也有很大局限性：义役大都由乡村上户把持，实际上减轻了上户的负担。原来役轻或无役的中下户，在上户勒索敲诈之下，负担往往增重，以致倾家荡产，因而义役成为"不义之役"。

第八节　状元逸事

科举考试分乡试、会试、殿试。乡试第一名称解元，会试第一名称会元，殿试第一名称状元，三元是科举制度中三次考试的鳌头，每次考试都中第一名叫连中三元或三元及第。

据不完全统计，自唐高祖武德五年（622）的第一位科举状元孙伏伽开始，到清光绪三十年（1904）最后一位状元刘春霖为止，这一千二百八十三年间，科考的榜数为七百四十五榜，共产生了五百九十二名状元。加上各个朝代的武状元和其他王朝选考的状元，中国历史上在科举制度下产生的文武状元一共是七百七十七名。

【刘知新"状元"考】

丽水历史上有没有状元？许多地方都说自己出过状元，莲都说蔡仲龙是状元，庆元说刘知新是状元。蔡仲龙前文已述，而刘知新是不是状元呢？

刘知新（约 1080—1142），字元鼎，庆元县五都人。不少当地文史研究者认为刘知新是状元。理由有三：一是根据明代通州民间学者彭大翼的《山堂肆考》记载："大观状元，宋刘知新，处州龙泉县（北宋时庆元属龙泉）人。县有灵溪里谚：'沙州到寺上，龙泉出宰相。沙州到寺前，龙泉出状元。'徽宗大观中，何执中为相，知新作状元。"

处州府《括苍汇纪》及现存清代历次编纂的《庆元县志》均记载："刘知新，字元鼎，少颖敏，淹贯经史，游太学有声，大观初廷试第一，知绵州，政尚慈祥，所著诗文多士奉为轨范，蔡翙曰：'读元鼎文，如拾璧蓝田，触手尽难捐之宝。'为时所重如此，见邑文学。"

另有《庆元县志》载，刘知新为宋大观四年（1110）庚寅科状元。

其二是刘知新故里尚有状元墓。

其三是五都建状元坊。明嘉靖二十一年（1542），庆元知县程绍颐迁至县城，明清历任庆元县令多有修缮。五都村《刘氏宗谱》载有宋大观五年的《宋状元诰》。

对于刘知新的状元身份，持否定的人也很多。《浙江通志》则载刘知新是宋大观元年（1107）丁亥科李邦彦榜进士。

哪一个是正确的呢？

《宋史·李邦彦传》中载："入补太学生，大观二年（1108），上舍及第。"并未说李是状元。而事实上，大观二年并没有任何科举考试。《李邦彦传》中所说的考试，应该是大观元年。大观元年虽没有进行殿试，但进行了上舍生的考试。据《宋史》记载，大观元年六月癸酉，赐上舍生二十九及第。《宋史》还记载大观三年三月进行过殿试："赐礼部奏名进士及第，出身六百八十五人。"那一科的状元是贾安宅。

如果说刘知新大观元年考试，那么应该是太学上舍生及第，与李邦彦、虞天骥、冯熙载、毛友等人同榜，全榜共二十九人，清雍正年间的《浙江通志》对这件事情倒是有记载。

据清光绪《处州府志》载，刘知新，龙泉人，大观元年丁亥科李邦彦榜进士。

大观四年（1110）后就改元了，不存在"大观五年"，说明家谱记载并不实，再者所谓的《宋状元诰》，从行文来看，多半是后人伪造。

其实古时称状元,未必是对殿试第一名的称谓。唐代的郑谷考中进士的时候仅仅是第八名,清朝袁枚所著的《随园诗话》中写道:"郑谷登第后,《宿平康里》诗曰:'好是五更残酒醒,耳边闻唤状元声。'"

南宋周必大也曾经写过《回姚状元颖启》《回第二人叶状元适启》两封信。据考证,叶适为淳熙五年(1178)戊戌科第二名,第一名是姚颖。

清朝徐时敦的《闻云录》中记载,施肩吾登唐宪宗元和十五年(820)卢储榜第十三名进士,因施肩吾家住新城、分水二邑交界处,二邑人均称之为状元。原来唐宋两朝的新进士,皆得称状元。

这样看来,刘知新、蔡仲龙在当地被称为就状元也不足为奇了。

纵观丽水历史,除了明代遂昌大拓周氏后人出过一个武状元外,处州其他地方并没有出过状元,反倒是有多位外地的状元与丽水结缘。

丽水虽远离京城,交通闭塞,但崇山峻岭之间青山如画,碧水似镜,田野阡陌,鸟语花香,一片世外桃源的景象。历史上,流寓丽水的历史名人还是蛮多,其中有三位状元特别值得一提。

【痴迷处州山水的状元沈晦】

松阳县城的状元坊是松阳人的骄傲,这个状元坊就是纪念北宋最后一位状元沈晦的。

沈晦是杭州人,生于宋神宗元丰七年(1084),卒于宋高宗绍兴十九年(1149),是宋徽宗宣和六年(1124)甲辰科状元。

建炎三年(1129),沈晦任处州知州,过了几年后就离开处州,在官场沉浮二十年的他,因酷爱处州大地山水名胜,于是选择在处州大粮仓的松阳定居。

群山巍巍,河水沼沼,草木葳蕤,沈晦寻找到了松阳这片世外桃源般的土地,作为他仕途之外的心灵归宿,从此扎根于此,过着与世无争的日子,并发出了"惟此桃花源,四塞无他虞"的赞叹。

沈晦的定居,对于松阳而言,却是一件十分荣耀的事,过去状元都是多少学子可望而不可即的梦想,所以其所居住的小巷被叫作"袭魁坊",俗称"状元坊"。过去县学曾刻有宣和御制赐宴诗,让一代代松阳的学子,既敬佩又羡慕。

沈氏一族是杭州的望族。沈晦的爷爷沈遘曾官拜翰林学士,他与弟弟沈辽、叔叔沈括俱有文名,合称"三沈"。沈晦的后世子孙沈佺中过榜眼。

【小住处州的状元邹应龙】

沈晦大家较为熟悉,而南宋状元邹应龙大家应该比较陌生。

邹应龙(1173—1245),福建泰宁人。曾任端明殿大学士,后任签书枢密院事、参知政事,相当于副宰相。邹应龙虽家境贫寒,但胸怀大志,从小刻苦读书,少年时就熟读诸子百家。

据《处州府志》记载,南宋庆元二年(1196),二十三岁的邹应龙考中状元。他进京考试前,一直住在丽水人叶挺的家里,叶挺还将女儿嫁给他,因此邹应龙家安在丽水。邹应龙金榜题名后,他在丽水城区所住的街区改叫德星里。

《福建通志·列传·邹应龙》中的记载与《处州府志》大同小异:"(邹应龙)试礼部时,为试官叶挺所得士。挺丽水人,妻以女,应龙因随挺家丽水,丽水人名其所居曰'德星里'。"

叶挺为宋乾道八年(1172)壬辰科黄定榜进士,曾任岳州知州。

德星里位于丽水城内西南隅,即万象山下至瓯江小水门一带,如今已荡然无存。

【结缘鞍山书院的状元杨守勤】

除此之外,还有一位明代状元也在遂昌教过书,不过来之前他并不是状元,离开后却连中三元,他就是杨守勤。

杨守勤(1559—1620),出身于教师世家,万历二十五年(1597)乡试中名列五经魁之列,但他认为自己学识不精,于是南下游学。

万历三十年(1602),杨守勤来到遂昌云峰马鞍山,听到书院里书声琅琅,适逢先生外出,他就情不自禁将孩子们的作业都批改了。后来杨守勤被留下来,他在此一边任教一边苦读。第二年离开遂昌赴京赶考,他中了万历甲辰科(1604)会试第一名,又在廷试中夺魁。杨守勤成为除了黄观、商辂之后,在明代近三百年科举史上连中三元的第三人。

虽然杨守勤不是遂昌人,由于他考前在遂昌教书苦读,因而遂昌人一直念着他。

第九节　年号"庆元"成为处州县名

庆元是浙江省最南的县,是南宋为数不多的以皇帝年号命名的县。庆元原为龙泉县松源乡,南宋宁宗庆元三年(1197)置县。

当时民众觉得松源离县治龙泉太远,办事非常不方便,于是要求建县,处州府的官员将此事上奏。

这时,刚好担任工部侍郎的朝中重臣胡纮是松源乡人,他对于建县这一事向皇上奏章极力争取。

时任宰相的京镗非常欣赏胡纮,胡纮的两位好友也是老乡,相当于副相。一位是和他有亲戚关系的龙泉人何澹，在此前一年起就任参知政事；另一位是任端明殿学士、签书枢密院事的叶翥。加上胡纮个人的能力，他在当时的朝廷中讲话还是非常有分量的。

　　宋宁宗很快批准了这一请求，并将年号"庆元"赐为县名。

　　宰相京镗亲自书写县额，并派了非常有才华的富嘉谋担任首任县令。富嘉谋是北宋名相富弼的后代，他到任后，立即选址建了县衙、学宫等，推动庆元快速发展。

/ 庆元县城（郑承春 摄）

第十一章

元至明初：处州名士俱风流

宋开禧二年(1206),成吉思汗统一蒙古各部,建立大蒙古国。

中统元年(1260)忽必烈即汗位,至元八年(1271)改国号为"大元",次年定都燕京,将其改名为大都。至元十六年(1279),元朝彻底消灭了南宋流亡政权。

至元十三年(1276),处州知州梁椅投降。当蒙古军由参政阿刺罕、董文炳率领的兵马至处州后,"李珏以城降"。

这李珏是什么角色,尚待考证,应该是府衙里除了知州之外最有影响力的官员之一。知州已降,蒙古大兵压境,城头变幻大王旗,从此丽水进入元朝统治时期。

元朝的丽水,由于种种原因,民间的反抗不断。除此之外,留下印迹的,并不太多。

如今残存的处州府城轮廓,始建于元代。元至元二十七年(1290),处州路总管斡勒好古和万户石抹良辅,把修筑城墙这件事交给丽水县尹韩国宝来执行。韩国宝"割旧城之半"而重新修筑,这样城市的框架就基本确定了,面积大大扩大,面貌焕然一新。丽水城修了六个门:北面是望京门,也叫丽阳门;东面是岩泉门,也叫虎啸门;东南为行春门,也叫厦河门;南面叫南明门,也叫大水门;西南为括苍门,也叫小水门;西北曰通惠门,

/ 丽水府城图（上）和丽阳门城墙遗址（下）

194

/ 括苍门城墙遗址（上）和厦河门遗址（下）

也叫左渠门。

元朝是中国历史上首次由少数民族建立的大一统王朝,结束了自唐末以来长期混乱的局面。政权变动频繁及文化冲突导致元朝中后期政治腐败,权臣干政,民族矛盾与阶级矛盾日益加剧,最后被明所灭。

第一节　任职处州的名师郑复初

有人说,中国古代最著名的六位老师中,排第一位的是老子,他教出弟子孔子和鬼谷子;第二位是鬼谷子,他教出弟子苏秦、张仪、孙膑、庞涓;第三位是孔子,有弟子七十二贤人;第四位就是郑复初,他教出弟子刘伯温和施耐庵;第五位是荀子,他教出弟子李斯和韩非子;第六位是司马徽,教出弟子诸葛亮、庞统。

这种排名是否科学,很难说。他们生活在不同的时代,到底谁更厉害,很难比较。这些人中有五位大家都非常熟悉,唯独郑复初声名不彰。

郑复初(生卒年不详),名为原善,复初是他的字,是江西玉山人,元朝延祐年间进士。

元代的汉人很难得到重用。元代将全国不同的民族划分为 4 个等级,即蒙古人、色目人、汉人和南人,而且忽必烈规定:各级机构中的正职,必须由蒙古人担任,不足时则用色目人,汉人和南人只能担任副职。在部队中,等级更是森严:枢密院中的要职,汉人和南人是不能担任的;各种部队的数量和布防情况以及重要的征伐行动,属于机密,汉人和南人无权过问。

所以像郑复初这样的大儒,一辈子也不可能仕途通达,仅仅担任过德兴县丞、处州录事这样低级别的官员。

据《元史·百官》记载："录事司,秩正八品。凡路府所治,置一司,以掌城中户民之事。中统二年,诏验民户,定为员数。"

虽然级别比较低,但郑复初还是有很好的政绩,后遭受构陷辞官,不久即病故。

郑复初是一位精通伊洛之学的饱学之士,名重当时,很多学者都拜他为师。他虽一生仕途坎坷,但带出了一批非常出色的学生,其中最为著名的两个人,一个是明朝的开国功臣刘基,另一个则是元末明初的大作家、《水浒传》的作者施耐庵。

此外,被朱元璋称为"开国文臣之首"的宋濂也是郑复初的学生,宋濂的名字就是郑复初改的。龙泉人季仁寿也是郑复初学生中较为出名的。季仁寿,字山甫,号春谷,著有《春谷读书记》二百卷,对《易》《诗》《书》《春秋》都有衍义。

第二节　浙东四先生,三位处州籍

明初,刘基、宋濂、叶琛、章溢合称"浙东四先生",他们都是辅佐朱元璋成就帝业的人,其中三位是处州人。

【明代开国谋臣刘基】

刘基(1311—1375)是丽水最著名的历史人物之一,是明朝开国元勋。中国民间广泛流传着"三分天下诸葛亮,一统江山刘伯温;前朝军师诸葛亮,后朝军师刘伯温"的说法。他以神机妙算、运筹帷幄著称于世,历来被视为像诸葛亮一样的智谋之士,也是中国历史上极少数集政治家、军事家、思想家、文学家身份于一身的大人物。

蔡元培评价刘基时说:"时势造英雄,帷幄奇谋,功冠有明一代。"

刘基,字伯温,青田县南田镇武阳村人(今属文成县),故称刘青田;洪武三年(1370),受封诚意伯,故也叫刘诚意。

刘基自幼聪颖,天赋极高,记性超人,过目成诵。十四岁入处州府学,师从郑复初学习伊洛之学,十七岁在青田石门书院读书,同时还拜丽水人何清臣学习儒学。

家庭环境的熏陶、名师的指点,加上本人的刻苦勤学,刘基年轻时就脱颖而出,成为江浙一带有名的大才子。他博通经史,潜心研究天文、地理、兵法、术数等,尤精象纬之学,时人把他比作诸葛亮。

元统元年(1333),二十三岁的刘基赴元朝京城大都(今北京)参加会试,一举考中进士。由于元末战事连连,他便回老家闲居。至元二年(1336),被授为江西高安县丞,五年后辞官返回青田。至正三年(1343),朝廷征召他出任江浙行省儒学副提举,兼任行省考试官。后来因检举监察御史,受到打击,因不得志便上书辞职隐退。

至正二十年(1360),五十岁的刘基被朱元璋请至应天府(今南京),献时务十八策,成为朱元璋的重要谋臣。刘基提出集中兵力先灭陈友谅、后攻张士诚的战略,帮助朱元璋脱离"小明王"韩林儿自立门户,并参与制定灭元大计。

吴元年(1367),刘基担任御史中丞兼太史令,呈上《戊申大统历》。

朱元璋即皇帝位后,刘基奏请设立军卫法,防止滥杀,也加强了皇帝对军队的控制,对于巩固中央集权起到重要作用。他又请肃正纪纲,谏言停止建中都凤阳。刘基对《大明律》的制定,也起到重要的作用。

/ 刘基像(上)和诚意伯庙正厅(下)

朱元璋多次称刘基为"吾之子房"。

当初确定处州税粮时,仿照宋制每亩加五合,唯独青田县除外,朱元璋说他这么做,就是要让刘基家乡世代把此事传为美谈。

洪武三年(1370),刘基被授为弘文馆学士。十一月,朱元璋大封功臣,又授刘基为开国翊运守正文臣、资善大夫、上护军,封诚意伯,岁禄二百四十石。第二年,赐刘基还归家乡。后被胡惟庸诬陷,朱元璋夺去刘基俸禄,刘基非常害怕,入京谢罪。

洪武八年(1375)正月下旬,刘基感染了风寒,朱元璋派胡惟庸带了御医去探望,刘基服用御医开的药方后,痛苦不堪,之后一病不起。二月中,刘基抱病觐见朱元璋,在朱元璋遣人护送刘基返乡,刘基于农历四月十六日卒于故里,享年六十五岁。明武宗正德八年(1513),朝廷赠他为太师,谥号文成。

明世宗嘉靖十年(1531),朝廷再度讨论刘基的功绩,并决议刘伯温应该和徐达等开国功臣一样,配享太庙。在这一年,刘基的九世孙处州卫指挥刘瑜袭封为伯爵。

刘基的儒学思想对明初的学风产生了直接影响,其融会理学诸派,又以儒道互补,体现了明初思想的特征,影响了明初学术思想的走向。

刘基诗文力主讽喻,其经世致用的文学思想引领了明初的一代文风。

刘基的寓言不仅内容博大精深,还阐明了他的政治、经济、军事、哲学、伦理、道德等观点,体现了他的审美观和价值观。

在文学史上,刘基与宋濂、高启并称"明初诗文三大家",有《诚意伯文集》二十卷传世,收有诗、词一千六百余首,各种文体的文章二百三十余篇。

这几年,丽水的青田县与温州的文成县一直都在争刘基这个历史人物。其实两地都没错,虽说刘伯温出生地和坟墓均在现在文成县的南田镇,但1946年前南田镇一直为青田县所属,所以刘伯温一直叫"刘青田"。单单说刘基是文成的，不尊重历史，也解释不了为什么刘基叫刘青田了。

在丽水市区，有条巷子叫刘祠堂背，其因明嘉靖年间建有刘基的祠堂而得名。

【博学有才华的南阳郡侯叶琛】

叶琛（1314—1362），字景渊，丽水高溪村人。元至正四年（1344），31岁的叶琛任歙县县丞，8年后回到家乡，担任处州路总管府判官，相当于当地法院的院长。他的上级石抹宜孙在处州一带平乱，叶琛积极献计献策。

至正十八年（1358），叶琛当上了行省元帅，相当于中央政府派驻省级的长官。第二年，朱元璋的军队攻占处州，叶琛随石抹宜孙逃到福建建宁。

至正二十年（1360），叶琛与刘基、章溢、宋濂同时被朱元璋征聘至应天府，初授营田司佥事，也就是管理屯田的副职。不久，调任洪都（今江西南昌）知府。

至正二十二年（1362），元降将祝宗、康泰叛乱，叶琛被俘，他誓死不降，为叛军所杀，他未能看到明王朝的建立。

洪武元年（1368），朱元璋登基后，追封叶琛为南阳郡侯。

【儒臣也立武功的章溢】

章溢（1314—1369），龙泉人，字三益，号损斋，自称匡山居士。

朱元璋取处州后，他与刘基、宋濂、叶琛等一起受朱元璋之聘并得到重用。他官至御史中丞兼赞善大夫。后因母丧守制，不久病死。

史料对章溢的记载很有意思，元至正十八年（1358），蕲、黄地区的贼寇侵犯龙泉，章溢的侄子章存仁被捉。这时章溢挺身而出，对贼寇说："我哥哥只有一个儿子，我愿意代替侄儿，不能使我哥哥断后。"

这些毛贼很高兴,因为他们都知道章溢的大名,而他正好送上门来,于是立即绑了章溢想拉他入伙。

章溢当然不干,并对他们说:"大家都是上有老下有小的,你们这干的是灭族的事!"

毛贼非常恼火,将他绑在柱子上,用刀架在章溢的脖子上威胁说:"要么合作,要么死,你看怎么选择,你难道不怕死吗?"

章溢说:"贪生怕死是人之常情,但我不能干不仁不义的事。"

夜里,章溢成功脱身,回到家里召集同乡组成义兵,打败了贼寇。随后,府官石抹宜孙率领的军队也赶到,他们要将所有与毛贼牵连的人都赶尽杀绝。章溢说这些人都是因为没饭吃才这样,石抹宜孙便下令止兵,并将章溢留在幕下。

章溢跟随叶琛平定庆元、浦城盗贼。官府让他担任龙泉县主簿,他没答应。之后还帮助石抹孙宜解了台州之围、宁海之饥。后又帮助官府平了龙泉、丽水、青田,然后隐居龙泉匡山。

由于朱元璋诚心聘请,章溢与刘基、叶琛、宋濂一同来到应天府。朱元璋任命章溢为营田司佥事。章溢巡行江东、两淮田地,推行按田分籍定税,深受百姓爱戴。朱元璋对章溢较为信任,命章溢为浙东按察副使回家乡处州镇守,章溢坚决不受,最后以续任浙东按察司佥事,平定了叛乱。

洪武元年(1368),朱元璋在南京登基为帝,这时章溢与刘基等人一同被召见,朱元璋论功行赏,拜他们为御史中丞兼赞善大夫,朱元璋对群臣说,章溢虽是儒臣,但是他们父子效力一方,寇贼全被平定,他的功劳不在诸将之后。章溢五十六岁时去世,朱元璋悲痛哀悼,亲自撰写祭文,派朝臣徐贞到龙泉章溢家中祭奠。

明代开国谋臣朱升曾说过,刘基、叶琛、章溢,皆王佐之才。

朱元璋说："溢不负聘礼之重，而能身任其劳，使朕无南顾之虑，得以专力攻伐，遂有天下。"

第三节　镇守处州的元末名将石抹宜孙

"浙东四先生"都深受朱元璋器重，而其中三位都曾在元末名将石抹宜孙（？—1359）手下当差，而除这三位之外，还有胡深等人，再加上石抹宜孙本人就是非常有名望的将领，一时间，处州路可以说是群贤毕至。

石抹宜孙袭父职，先后在台州、金华、处州等地任职。

至正十七年（1357），石抹宜孙担任枢密院判官，总管处州。

石抹宜孙强将手下无弱兵，他利用刘基等人的计谋，很快平定了地方的叛军。但无奈元朝气数已尽。

至正十八年（1358）农历十二月，明军兵取兰溪，逼金华，而石抹宜孙的母亲也在婺城。他派胡深等带兵民数万赴援，而自己亲率精锐为之殿后。当他的队伍刚到金华，与明军一交战就溃不成军。

至正十九年（1359），大明军队进入处州，石抹宜孙带着数十人逃往福建。

由于人心涣散，石抹宜孙知道已无力回天，于是感叹说："处州是我守卫的地方，如今大势已去，也没地方可去了，不如回到处州境内，生为处州的守将，死也要为处州的鬼魂！"

虽有如此豪迈的气概，而作为一个元末名臣，石抹宜孙在至正二十年（1360）六月，率部反攻，占领庆元县城，被耿再成部击败，溃退时被乱兵所杀，结局实在是悲壮。

石抹宜孙博览群书,很有学问,他还擅长诗歌,与刘基、胡深、叶琛、章溢、苏有龙一起酬唱,结集《少微唱和集》,共刊载诗歌三百余首,其中石抹宜孙与刘基的作品多达九十七首。

刘基与石抹宜孙感情深厚,朱元璋派人请刘基出山,但刘基多次婉拒,其中很大的原因就是好友兼上司的石抹宜孙战死,一下子从感情上无法接受立即投身"敌营"。

第四节　在处州城作《琵琶记》的高则诚

元曲与唐诗、宋词并驾齐驱,是中华文化宝库中的一朵奇葩。中国十大古典悲剧之一的《琵琶记》被称为"南戏之祖"。相传《琵琶记》在明初与四书五经相提并论,并受到朱元璋的特别青睐。

丽水是《琵琶记》的诞生地,元末著名戏曲家高则诚(名明,字则诚,一字晦叔,1305—?)在丽水任职期间写了《琵琶记》。

《琵琶记》全名《蔡伯喈琵琶记》,讲的是汉代书生蔡伯喈与赵五娘悲欢离合的故事,共四十二出,是我国古代戏曲中的一部经典。

《琵琶记》是高则诚在民间流传的南戏《赵贞女》的基础上创作的,标志着南戏从民间俚俗艺术形式发展到全面成熟阶段,它不仅影响到当时剧坛,而且为明清传奇树立了楷模。明清时该剧的刊刻传抄版本存世者约有四十多种,堪称中国戏曲版本之冠。

冯梦龙说,如果看了《琵琶记》都不落泪的人,一定不是孝子。这足以说明这这一剧本的感染力。

高则诚在南戏发展史上的地位颇似杂剧发展史上的关汉卿。大德九年

(1305)至至大二年(1309)，高则诚在丽水待了四年，担任处州录事，录事是负责文书簿案的七品官员。

高则诚来了后，住在姜山的悬藜阁中。姜山是丽水的重要文化圣地，当年秦观被谪处州时，也住在这座山上。《琵琶记》诞生于姜山，令这座小山的文化高度再次被提升。

《琵琶记》的诞生，使丽水成为元曲的创作圣地。

有人认为《琵琶记》是高则诚晚年在宁波所写的。如《鄞县志》记载："明避乱，主于沈氏楼。作《琵琶记》成，清夜按拍歌舞，几上蜡炬二枝，光忽交合，遂名楼为'瑞光'。"《温州府志》亦记载："明寓鄞之栎社，以词曲自娱。"故又有"属稿于栝，断手于明（鄞）"之说，即在处州创作初稿，最后在宁波完成。故两地传为佳话。

清代的《处州府志》与《丽水县志》，对高则诚在丽水创作《琵琶记》均有记载："山上有悬藜阁，即元东嘉高则诚撰《琵琶记》处，今并废。""悬藜阁在姜山。元东嘉高则诚撰《琵琶记》院本处。"清康熙年间任处州知府的诗人刘廷玑在姜山上写过这样一首诗：

题高东嘉撰《琵琶记》处

琵琶一曲写幽怀，

自是千秋绝妙才。

歌舞场中传故事，

蔡邕真个状元来。

清代泰顺诗人董斿游历丽水时，也留下了《悬藜阁》一诗，对高则诚的创作进行描述，尤其是诗的最后写道："箫管满山城，正唱中郎曲。"

　　一曲南戏余音绕梁，高则诚为丽水谱写了元曲的精华，留给丽水人宝贵的精神财富。

第十二章

明朝：处州文武皆留名

朱元璋建立明朝后，历经洪武之治、永乐盛世等发展，政治清明，国力强盛，手工业和商品经济繁荣，大量商业资本转化为产业资本，出现了商业集镇和资本主义萌芽。到了明朝晚期，因吏治腐败，农民起义爆发。崇祯十七年（1644）李自成攻入北京，崇祯帝自缢，明朝灭亡。

明朝的丽水，以其独特的方式，在中国历史上，留下一个个缩影。

第一节 "东方莎士比亚"汤显祖

汤显祖与莎士比亚是同一时期的著名戏曲家，巧的是他们两人还在同一年去世。

汤显祖（1550—1616），字义仍，号海若、若士、清远道人，江西临川人。他出身书香门第，早有才名，不仅精通古文诗词，而且懂天文、地理、医药、卜筮诸书。

汤显祖从小苦读，二十一岁中举。明代的科举制度，已沦为贵族子弟世袭地位的骗局，万历五年（1577）、八年（1580）两次会试，首辅张居正安排他的几个儿子中进士，又想找有才华者作为陪衬，汤显祖拒绝了张居正的拉拢，

/ 汤显祖像（上）和汤显祖纪念馆（下）

最后两次都名落孙山,张居正死前他一直没能中榜。而张居正死后,新宰相也想拉拢他,但他依然不为所动。万历十一年(1583),三十四岁的汤显祖最后以三甲第二百二十一名的名次考中了进士,他布满荆棘的仕途从此开始。

汤显祖先后任太常寺博士、詹事府主簿和礼部祠祭司主事。明万历十九年(1591),一生蔑视封建权贵的他,目睹了当时官场的腐败,于是愤然而上《论辅臣科臣疏》,由此触怒了皇帝而被贬为徐闻典史。

万历二十一年(1593),汤显祖遇赦,内迁遂昌知县。从广东徐闻县来到浙江遂昌县,汤显祖离他的临川老家,近了上千里。

汤显祖在遂昌任知县的五年,是他一生施展才华的最好时光。他勤政爱民,兴教办学,劝农耕作,灭虎除害,政绩显著。

汤显祖曾在《牡丹亭·劝农》里写道:

山也清,水也清,人在山阴道上行。春云处处生。

官也清,吏也清,村民无事到公庭。农歌三两声。

汤显祖干得开心,但他的改革与创新,势必要压制豪强,触怒权贵,同时也招致上司的非议和地方势力的反对。

万历二十六年(1598),听说朝廷将派税使来遂昌扰民,他不堪忍受,给吏部递了辞呈,愤而弃官回到江西临川。

汤显祖一生著述颇丰,"玉茗堂四梦"是其代表作,即《紫钗记》《牡丹亭》《邯郸记》《南柯记》,又称"临川四梦"。其中《牡丹亭》是汤显祖最满意也是影响最大的作品,几百年来享誉文坛,驰名海外,使得汤显祖与关汉卿、王实甫齐名,被誉为"东方的莎士比亚"。

专家认为,《牡丹亭》是汤显祖在遂昌期间构思和写作的,遂昌是《牡丹亭》诞生之地。

汤显祖与丽水还是蛮有缘的，嘉靖四十二年（1563），汤显祖参加抚州岁试，主考官为担任江西提学佥事的丽水人何镗（提学佥事类似于现在的教育厅副厅长）。汤显祖受何镗赏识被荐补为府学生员，所以汤显祖一直将他当作恩师。

在遂昌当县令的五年，汤显祖多次到丽水市区梅山背的何家探望曾推荐他成为生员的恩师何镗，留下数首诗作。

与丽阳何家昆仲

归云亭望思悠然，一径梅花小洞天。

但值何郎随意饮，每逢陶令折腰怜。

星当处士莲花郡，岁在成童弟子员。

并道江西旧桃李，投琼空有泪如泉。

这首诗是何镗去世之后，汤显祖为表怀念而写的。诗中情感真切，读之令人动容。

第二节 领导中国规模最大矿工起义的叶宗留

叶宗留起义是中国历史上规模最大、影响最大的矿工起义，领导这场起义的叶宗留是庆元人。这场起义持续的时间非常长，可以分为两个阶段，一是叶宗留时代，二是后太平国时代。

明初，金银等矿都由官府垄断，民间严禁开采。明中叶后，由于商品经济的发展，社会上普遍使用白银，朝廷更是封禁矿区，加大了对民间偷采的处罚力度。但明中叶后土地兼并日趋激烈，闽、浙农民为了谋生，不得不背井离乡去采矿。

叶宗留，庆元人，生于永乐二年（1404），死于正统十三年（1448），仅仅活到四十五岁的他，却掀起了巨大的浪涛，席卷了明朝统治下的大半个中国。

叶宗留自幼习武，在处州府衙里当打杂的差使。正统七年（1442），他与王能、郑祥四、苍大头、陈恭善等聚众千余人，进入浙闽赣交界的仙霞岭山区开采银矿，盗采了福建的宝丰诸银矿。

朝廷禁采，他们大规模的行动必然遭到打击。

正统十年（1445），叶宗留率众起义。次年二月，义军进攻永丰（今江西广丰），大败官军，但永丰知县邓容以招抚手段使王能等三十五人投降，又诱杀郑祥四、苍大头等三百多人，沉重地打击了叶宗留起义的队伍，叶宗留无奈只好率众逃回处州。

经过两年的准备，叶宗留与部将重举义旗，并自称"大王"。他攻下政和县城后，还师庆元，发展队伍，训练部卒，随后转战福建的浦城、建阳、建宁等地。不久，分兵于江西铅山（今江西上饶西南）车盘岭，控制了闽、浙、赣交界地带，声势大振，并与福建爆发的邓茂七起义遥相呼应。

正统十三年（1448）秋，他率部于闽、赣边界迎击官军时，在江西铅山黄柏铺不幸中流矢身亡。

叶宗留起义被镇压之后，据说他的老家整个村子都被抄了家，村人被赶尽杀绝。此地后来被当地人称作抄家地，一直没人居住。几十年前，一批移民来到这里，人们嫌过去这一地名不好听，于是将此地改为草古地。

不过，关于叶宗留的死，除此之外，还有两种不同的说法：《明史》中的《石璞传》《张骥传》均说叶宗留是被陈鉴胡所杀；清光绪《处州府志》记载，正统十四年（1449），兵部尚书孙原贞降服义军，"擒贼首陈鉴胡、叶宗留解京伏诛"，"叶宗留历功北边，赏以武职，逃归，亦伏诛"。

叶宗留死后，起义军拥戴叶希八为领袖，继续与明军开展斗争，在玉山（今属江西）十二都大败明军，杀都督陈荣，与福建邓茂七起义军互为声援，他控制了浦城、龙泉等地，屯兵在云和和丽水的山中。

正统十三年（1448）五月，丽水人陶得二、陈鉴胡在宣慈乡率众起义，影响越来越大，而且直趋处州。守将频频告急，明廷派了两千人驰援，也被起义军声势所吓，守城不敢出来。叶希八一面攻打处州，并分兵浙江金华和江西广信，杀永丰知县邓颙。

陈鉴胡破浙江松阳、龙泉，活动于武义、义乌、东阳一带，自称太平国王，改元泰定。

历史上曾有一个太平国，为西晋时期巴西郡安汉人（今四川南充）赵廞所建立的王朝。

太平国的政权刚建立不久就遭到明军大规模的围剿，兵部左侍郎孙原贞率部前来，陈鉴胡等人被俘，明军又镇压了邓茂七起义，叶宗留起义军余部变得孤立无援。景泰元年（1450），叶希八、陶得二先后被俘投降，孙原贞招抚三千六百多人。太平国被灭，起义失败。

叶宗留起义前后历时九年，建立政权历时四年半。有学者认为这是中国历史上第一次由工农联盟发起的大规模无产者起义，叶宗留称王是世界历史上第一个工人阶级政权，太平国是世界历史上第一个工农联盟的无产者政权。而事实上，叶宗留起义，对象虽然是矿工，但这些"矿工"并非工人阶级，更不是真正的无产阶级，其本质是农民。因此叶宗留领导的矿工起义，本质上是农民起义，他们无法摆脱农民起义的局限性，最后导致起义失败。

第三节　处州十县由此来

现在的丽水有七县一区一市，历史上有"处州十县"的建置。

过去讲处州十县，其实是在明景泰三年（1452）之后的事。在此之前，处州府下属七个县，分别为丽水、松阳、遂昌、缙云、青田、龙泉和庆元。景泰三年，处州府分出三个县。

叶宗留起义军被打败后，明朝廷急需治理这一方土地，清除义军的影响。兵部尚书孙原贞巡抚浙江，他提出处州"山谷险远，矿徒啸聚"，地方太大不太方便治理，因此要求朝廷分设三个县。朝廷采取了他的建议，这一年，一口气在浙闽边新设了景宁、云和、宣平、泰顺、永安五个县。明景泰六年（1455），又设了寿宁县。

从这些县的取名来看，朝廷用意很明显，宁、和、平、顺、安等字眼，就是希望这里能长治久安，不要再给朝廷添麻烦。

处州界内新设的景宁、云和与宣平，加上之前的七个县，刚好凑成处州十县。

1958年宣平县被撤销，其所辖的柳城、上坦两区及直属镇共十六个乡镇并入武义县，曳岭区的五个乡镇划给丽水县。至此，处州十县变九县。

第四节　宫廷画派浙派代表吕文英及其家族

在处州的碧湖镇保定村，吕氏是名门望族，吕文英与儿子吕伯升、孙子吕鸣珂均以丹青名世，可谓名副其实的著名宫廷画世家。

吕文英（1421—1505），字阔苍，谱名公英，为吕祖谦十三世孙。官封怀远将军、锦衣卫指挥同知。

锦衣卫是明朝专有的特务机构，前身为朱元璋所设立的拱卫司，后来改为锦衣卫，首领为锦衣卫指挥使，指挥同知为副职，常由文官担任，由此可见吕文英是一个从三品的大官。

吕文英与吕纪（1429—1505）齐名，擅长画人物，亦写山水。《中国绘画史》称，著名的宫廷人物画家吕文英是浙派名家中的杰出代表。

清道光《丽水县志》记录说："吕文英，孝宗朝，以善画供奉。时吕纪以翎毛，文英以人物，同以恩宠。人呼文英为'小吕'，以别于纪焉。"

吕文英的传世作品有人物画《货郎图》、山水画《江村风雨图》等。以货郎为画题在宋代以后的风俗画中十分流行，日本东京艺术大学资料馆藏有他的《货郎图》春、夏、秋、冬四幅。作品《江村风雨图》现藏美国克利夫兰美术馆。此外，传世作品还有《嬉春》图轴两幅、《宫妆娃娃》图轴等。

吕文英还多次与吕纪合作，传世作品有《竹园寿集图》《十同年图卷》《龙女斩蛇图》《张三丰升仙图》等等。

吕文英的儿子吕伯升（生卒年不详）为州同知，嫡孙吕鸣珂（1528—1598）是嘉靖己未科进士，是当时比较著名的山水画家。吕鸣珂担任过知府、按察使、布政使、兵部侍郎、巡抚、工部侍郎等，最后鞠躬尽瘁，死于任上，皇帝下旨追赠他为礼部尚书。著有《太常记》二十二卷，有《远岫云归图》（又作《望湖图》）等画作存世。

吕文英五世从孙吕邦耀（1573—1620），为明万历辛丑科进士，历任兵科右给事中、河南副使、河南儒学提举、通政司右参议、奉常卿、大理寺卿、太常寺少卿等职。吕邦耀不仅诗文造诣很深，且书法也知名于当时。目前存世或载于典籍的有《宜阳香山诗碑》《嵩山少林寺诗碑》《咏孔子题（比干）墓诗

/ 吕文英《江村风雨图》

/ 吕文英《货郎图·春景》

碑》《京西摩诃庵记》《北京房山题记二段》等，他还为北京《增修东岳庙碑》撰文，碑刻留存至今。他对史学也有研究，有多部史学著作传世。

第五节　丽水抗倭

【勇猛的处州兵】

元末明初，日本封建诸侯割据，南北朝分裂，互相攻伐，在战争中失败的封建主，就组织武士、商人、浪人到中国沿海地区进行武装走私和抢掠骚扰，他们被称为"倭寇"。

明初，朝廷重视海防建设，国家兵力强盛，倭寇并未形成较大的影响。随着倭寇力量壮大，明朝正统之后，朝廷腐败，海防松弛，倭寇成为沿海地区最大的祸害。

到了明嘉靖年间，明世宗昏庸，致使严嵩专权，纵容通倭官吏，打击和陷害抗倭将领，使倭患之祸愈演愈烈。明中期商品经济的进一步发展，对外贸易十分繁荣，沿海一带的商贾为了利益不顾朝廷海禁，与"番舶夷商"交易，形成势力强大的海上走私集团，有的与日本各岛的倭寇勾结，在沿海劫掠，犯下滔天罪行，史称"嘉靖大倭寇"。因此朝廷和民间都十分痛恨倭寇，一场声势浩大的抗倭战争即将打响，这也将是中国历史上第一次反侵略的战争。

提起抗倭，戚继光（1528—1588）领导的"戚家军"无人不知，而"戚家军"中的"处州兵"却鲜有人知。

戚继光认为，浙江乡兵能用的，处州兵是排在第一位的，再后面分别为绍兴、义乌、台州。浙江其他地方的兵，就是韩信、白起再生，也没法用。

/ 戚继光像

戚继光之所以看好处州兵，是因为处州兵非常剽悍，处州多矿，这些矿工，素来都喜欢习武，很会打仗。他们又很守信义，冲锋陷阵，获得了"浙江处州兵绝勇"的赞誉。

出于戚继光的原因，所以好多地方都喜欢招募处州兵，直隶、福建都招处州兵。

好多地方的端午节是吃粽子的，而丽水市区与众不同，有吃卷饼的习俗。据说这种风俗就是从戚继光招募处州兵开始的。家人们送亲人们当兵上战场，就把家里的菜用粉皮包起来，让他们带到路上吃，久而久之，变成端午饮食习俗，一直延续至今。

【倭寇进犯丽水】

丽水靠近温、台，也属沿海地区，历史上多次遭到倭寇侵犯。

据《处州府志》等资料记载，历史上倭寇至少有四次大规模侵犯丽水，其中一次未遂。

嘉靖三十二年(1553)，倭寇侵犯青田、丽水、松阳等地。松阳知县罗拱辰带领官兵打败倭寇。

嘉靖三十四年(1555)四月，数百倭寇突入青田温溪的小峙村，杀死村民，接着渡河到沙埠，杀害数位居民和冲锋在前的乡兵杨叙，多处房屋被烧。后来倭寇又重回小峙村，百户张澄战死，两千多名百姓被溺死。之后他们又再次渡河到沙埠。青田县城的驻兵赶到时，一交锋倭寇便溃不成军，望风而逃。

嘉靖三十六年(1557)五月，倭寇从台州方向逼迫缙云，都御史阮鹗率万余大兵在苍岭的南田进行防御抵抗，最终倭寇没进入缙云境内。

嘉靖三十七年(1558)四月，倭寇自永嘉突然侵犯青田，围住县城，烧杀抢掠半个月才离开,他们烧毁房屋五千多间,杀死男女老少三千多人,掳去男女一千多人,被抢的财物不计其数,倭寇十二艘大船和上百艘小船都装得满满的才离开。

【抗倭英雄卢镗】

倭寇的侵袭,也激起了丽水人民的反抗。明代丽水有一个著名的抗倭英雄,他叫卢镗(1505—1577),与俞大猷(1503—1579)、戚继光齐名。

卢镗是处州人,他在江浙闽沿海一带奋勇抗倭三十多年,身经数百战,俘斩倭寇万余人。《明史·俞大猷传》中称:"镗有将略,倭难初兴,诸将悉望风溃败,独镗与汤克宽敢战,名亚俞、戚。"

丽水民间还流传着"千秧丘,双眼塘,白云山脚有卢镗"的说法,专家曾在白云山脚下发现卢镗墓。

1940年左右,丽水以三位抗倭英雄命名三条街道,分别是大猷街、继光街、卢镗街,以此激励丽水人民奋勇杀敌,驱除日寇。

第十三章

清朝：刀光剑影见英烈

清朝是中国历史上最后一个封建王朝，明万历四十四年（1616），女真族首领努尔哈赤建立大金，史称后金。崇德元年（1636），皇太极改国号为清。从顺治元年（1644）定都北京，至 1911 年 10 月，武昌起义成功，改国号为中华民国，溥仪逊位，清朝从此结束，前后二百六十八年。

清兵入关，平定了"三藩"，统一了台湾，完成全国统一，康雍乾三朝走向鼎盛。清朝前期农业和商业发达，江南出现了密集的商业城市，人口迅速增长。清后期开展了一系列近代化的探索和改革。

清代的丽水，是怎么样的呢？

第一节 "三藩之乱"

"三藩之乱"是三个藩镇王发起的反清事件，是清朝初年最严重的社会动乱。

清廷入关后，为对付李自成农民军和南明政府的反抗，借助了明朝降官的力量，封吴三桂为平西王、尚可喜为平南王、耿精忠为靖南王，称为"三藩"。吴三桂、尚可喜、耿精忠等藩王很快就形成地方势力，不仅给清朝廷造成很沉重的经济负担,也威胁到中央集权。

清康熙十二年(1673)春,康熙认识到"三藩"的危害,做出撤藩决定。当年十一月,吴三桂率先反清,他杀了云南巡抚朱国治,打着"兴明讨虏"的口号,自称"天下都招讨兵马大元帅",发兵北上,短短时间内控制了云、贵、湘、川等地。紧接着,耿精忠、尚可喜等福建、广东、广西、陕西、湖北、河南等地的藩王和其他势力,还有台湾的明郑迅速响应。

康熙十三年(1674)三月,耿精忠在福州响应,杀福建总督范承谟及幕僚五十余人。以封官晋爵拉拢党羽,派遣心腹接管延平、邵武、福宁、建宁、汀州诸地,以"复明"为幌子收买民心,令官民剪辫留发,衣服巾帽悉依明制,自铸"裕民通宝"。看时机成熟,耿精忠自称总统兵马大将军,分三路出兵:东路攻浙江温、台、处三州;西路攻江西广信、建昌、饶州;中路攻浙江金华、衢州,并请台湾郑经攻广东潮州、惠州,同时邀郑经由海道取沿海郡县为声援,一时兵势甚盛。

"三藩之乱",丽水深受其害。

康熙十三年三月,耿精忠派原在处州担任中军的总兵徐尚朝率部进攻丽水。徐尚朝熟门熟路,通过诱降等方式,先后占领龙泉、遂昌、松阳、云和、景宁等县。攻占各地后,耿精忠的部队进行大屠杀。四月十三日,处州府城被陷,百姓纷纷逃到城外。耿精忠的部队进城后,把官府和民宿拆毁,百姓死伤无数。五月,青田、庆元落入他们手中;六月,缙云、宣平等沦陷。

处州的混乱状况直到康熙十四年,清朝总兵李荣、陈世凯带兵过来,夺回处州府城才告一段落。

耿精忠的部队退到城外,都尉连登云、徐尚朝、王自福分别占据了杨梅岗、石帆、石塘等处,清朝大军与他们持续作战,先后打了一年多的仗,直到康熙十五年(1676),清朝官兵才收复失地。

第二节　汀州人北上

汀州人大部分是客家人。客家人是汉族在世界上分布范围广阔、影响深远的民系，他们最早居住在黄河流域，比如云和县黄氏仍然沿用"江夏郡"的堂号。"江夏郡"在湖北江夏。

西晋末年和唐朝末年，因战乱大批北方人南下。南宋灭亡后，他们又迁至赣、闽、粤等地。在这场人口大迁移中，大批先民迁入福建汀州府定居。

汀州置于唐代，明代称为汀州府。汀州府是客家人的聚居地和发祥地，有"客家大本营"和"客家首府"之称。

"汀州府"在1913年就废除了，而在丽水，却还生活着许多讲"汀州话"的"汀州人"。

据人口普查资料，丽水市现有"汀州人"数十万之众，三十多个姓氏，分布较广，以紧水滩库区大源村、赤石村及朱村一带居多，原龙泉溪北岸的牛头山周围一带尤为集中。

汀州府的驻地在长汀，现在云和就有一个村叫长汀，近几年搞起了人工沙滩，打造旅游经济。

明末清初，位于浙西南山区的处州，由于长期战乱，人口大量减少，于是当地官府到"地窄人稠""生齿日繁"的闽汀州府各县招徕大批乡民前来开山植靛（靛是一种染布用的染料。）

清康熙至乾隆年间，长汀、上杭、宁化等县贫困农民掀起了移民浙西南山区的大潮。至乾隆四十一年（1776），浙南山区的汀州人及其后裔大约有二十三万，在云和、遂昌、宣平等县的人口已经接近或超过了本地人口。

这些人有两个共同点：一是讲汀州话，这种汀州口音保留较多古汉语音韵，也被称为"汀州腔"；二是他们保留了自己独特的客家文化习俗，比如汀州风情唢呐就是一大特色。

第三节　鸦片战争中的丽水英雄

"定海三总兵"是中国抗击英国侵略者的代表人物，是鸦片战争中的英雄代表。三位总兵中的郑国鸿是处州总兵，他率领的一千二百余名处州兵，用生命保卫祖国疆土，谱写了可歌可泣的英雄赞歌。

郑国鸿（1777—1841），湖南凤凰县人，因世代军功，十八岁时便承袭云骑尉世职。郑国鸿文武双全，他精于《诗经》《易经》，著有《诗经疏义》等书流传于世。先后担任湖北提标中军参将、广西平乐协副将、湖北竹山协副将并代理郧阳镇总兵、浙江湖州协副将、湖南宝庆协副将。

道光二十年（1840），六十三岁的郑国鸿调守处州担任总兵。

鸦片战争爆发后，郑国鸿奉命从处州调防增援定海，在竹山门一战中，他率处州士兵誓死抵抗，英勇杀敌，最后和这些处州士兵一起为国殉难。只可惜，这些处州士兵在浩繁的历史书卷中鲜有记载，一段荡气回肠的生死之战，早已被淹没。处州兵这个英雄的群体，理应千古流芳。

/ 长汀沙滩（程昌福　摄）（上）和郑国鸿照片（下）

第四节　太平天国军五进丽水

太平天国运动是 1851 年至 1864 年期间，由洪秀全、杨秀清、萧朝贵、冯云山、韦昌辉、石达开等领导的，反对清政府统治和外国资本主义侵略的农民战争。太平天国运动从广西桂平的金田村发起，是 19 世纪中叶中国规模最大的一场反清运动。同治三年（1864），随着太平天国首都天京（今江苏南京）的陷落，标志着太平天国起义失败。

太平天国运动，有积极的一面，同时也有很强的破坏性。太平天国军先后五次进入丽水，对丽水造成了一定的影响。

进入丽水的部队有翼王石达开和侍王李世贤的部队。

太平天国军第一次进入丽水是在清咸丰八年（1858）三月，进入的是石达开的部队。

翼王石达开派他的部将从衢州方向进犯遂昌，各乡民团聚众数千人守在北界小谷岭等隘口。农历三月十九日，北界汛兵听到太平军人数众多就跑了。二十日，太平军到小谷岭时，遭到民团阻击，但太平军大部队到达，民团抵挡不了，战死不少人，其余人溃退。二十一日，太平军攻克了遂昌。二十三日，太平军攻打松阳，松阳知县张士超率民勇在界首阻击时战败阵亡。太平天国军随即占领松阳。恰好当时连日暴雨，溪水暴涨，于是太平军水陆并进，沿松阴溪而下，二十七日围攻处州郡城。因为镇守的军队已奉命出征，只剩下一百五十个玉环兵和民团，寡不敌众，郡城落入太平军手里。

由于没有配合好，接下来清军在收复丽水城过程中，四月吃了一次更大的败仗。其实，当时丽水城外力量并不弱，有三支清军的队伍。一支是由知府郑簏率领从城内出来退守石帆村的队伍，一支是由大帅明安泰率领驻守在桃花岭的队伍，另一支是总兵周天受率领从武义方向进入丽水小安村的队伍。周天受队伍到了银场村想先扎营再围攻城内的太平军。没想到太平军早有准备，他们绕到山后突袭，于是清军大败，包括永安协标都司马元镇以及一批守备、千总、把总战死。周天受只好退回金华，四月，缙云也沦陷了。当太平军转头攻打青田时，在石帆村、海口村都遭到地方民团的强烈抵抗，连吃败仗，只好退回丽水城。接着太平军攻占了云和、宣平等地，也遭到了清军的进剿，缙云被收复。

六月十三日，太平军弃城而去，烧毁城内民居 300 多间。太平军与从衢州败退而来逃到遂昌、松阳的军队在云和会合，向龙泉方向撤退，六月十五日攻下龙泉。后来在龙泉及处州府城官兵与各路民团的追击下，到了七月初十日，将丽水境内的太平天国军基本打败。

太平军第二次进入丽水是在咸丰十一年（1861）五月，来的是侍王李世贤的部队。

李世贤的部队由江山攻陷遂昌、松阳。太平军在松阳与丽水交界的堰头时，遭到知府李希郊、松阳进士叶维藩、丽水把总金国荣等人带领的官兵与民团的阻击，叶维藩、金国荣在交战中阵亡，李希郊兵败被俘，不屈被杀死。李希郊的弟弟李希沆和仆人李深一并被处死。五月十六日，郡城第二次落入太平军手中。五月十九日，李世贤的大部队前往金华，金华成了侍王的总部。

太平军第三次进入丽水是在咸丰十一年九月，也是李世贤的部队。

李世贤的部队再次攻克遂昌、松阳和郡城。十月攻占了缙云。

第四次是同年的十一月，同样是李世贤的部队。

这一次太平军号称十余万人，从武义进入丽水境内，宣平、云和、松阳、遂昌等地落入了太平军手里。十二月，李世贤率部回到金华，留下其子屯兵壶镇。

第五次是同治元年（1862）二月，仍是李世贤的部队。

有十余万人从松阳过丽水西乡，再至北乡屯兵五十余天。太平军在丽水烧杀抢掠，激起民众的反抗。清政府从福建、温州两路夹击，丽水地方民团纷纷加入，到了七月，太平军失去大部分控制的地区，到了十一月，境内太平军基本被击退。

第五节　末代知府萧文昭

处州自 589 年置州至 1911 年，一千三百多年里，曾称州、郡、路、府，而州的行政长官也有称刺史、太守、知州、达鲁花赤（总管）、知府等。最早一任行政长官已无资料可寻，而最后一任知府萧文昭，是很有作为的一位好官员。

萧文昭是湖南长沙人，生于同治元年（1862），卒年不详，光绪二十年（1894）以三甲二十二名中进士。

萧文昭考中进士后，最早在刑部工作。甲午战争之后，萧文昭深受维新改良思想影响，与康有为等人交往甚密，并于光绪二十四年（1898）加入康有为发起的保国会。在戊戌变法中萧文昭向光绪皇帝上书，提出七项建议，并得到光绪皇帝的肯定。"百日维新"失败后，萧文昭被外派至地方为官，他先后两度出任处州知府。

第一次是在光绪三十二年（1906），任职一年多。这一年对于萧文昭而言，任职就如走马灯一般。光绪三十二年四月，从刑部被派往杭州任候补知府,不久被委任为衢州知府。同年八月,接任处州知府。

虽然萧文昭在处州时间不长,但还是做了不少的事情。

一是亲自主持修建通济堰工程,制订通济堰管理章程。

二是捐资办学。他率先捐出二百五十两银圆,扩建中学堂、阅报所,并拨款丽水县开办劝学所。而最为难得的是,当时处州各学堂陆续开办,经费困难,萧文昭给老家写信,要求家人遵守祖辈"鬻田兴学"的遗训。他的举动得到家人的支持,家人变卖田产,向丽水汇来了湘平银一千四百八十五两,资助办学和开办图书馆。这一举动得到了乡人与上级的高度认可,浙江提学使支恒荣认为此举难能可贵。浙江巡抚专门向朝廷奏请为萧文昭及其祖上建坊旌表,朝廷准奏,在其家乡建立"乐善好施"旌表牌坊。

光绪三十二年(1906)初,萧文昭与地方士绅商议,创办了处州初级师范学堂。宣统二年(1910),他又创办处州种植学堂(后更名为处州农业学校、处属县立乙种农业学校、处属县立蚕桑学校、处州高级农业职业学校、省立处州农业技术学校、丽水林业学校,现丽水职业技术学院前身)。

三是提倡实业和发展农业。萧文昭到任后,积极扶持谭献等创办丽水利用织布公司。还重视青田石雕、龙泉青瓷的发展,重视龙泉、庆元、景宁的香菇销售,积极鼓励农民种植棉花。

光绪三十三年(1907)萧文昭离开处州任绍兴知府后,处州知府由常觐宸接任。宣统二年(1910)八月,常觐宸旧疾复发要求朝廷另派他人任知府。当年九月,恰好离任绍兴知府正在候补待缺的萧文昭,再次被派到处州。

1911年10月,武昌起义后,11月25日,处州府城被吕逢樵率领的光复军占领,萧文昭守在府衙内,最后被丽水青年金志振打了两个耳光,不得已交出了印信文牒,黯然离去,生不逢时的萧文昭只能回到湖南老家。

参考文献

[1] 雍正处州府志[M]//中国地方志集成·善本方志辑:第一编.南京:凤凰出版社,2014.

[2] 道光《丽水县志》和《丽水志稿》合刊点校本[M].北京:方志出版社,2010.

[3] 乾隆松阳县志[M]//中国地方志集成·善本方志辑:第一编.南京:凤凰出版社,2014.

[4] 浙江省遂昌县志[M].台北:成文出版社,1970.

[5] 乾隆缙云县志[M]//中国地方志集成·善本方志辑:第一编.南京:凤凰出版社,2014.

[6] 乾隆龙泉县志[M]//中国地方志集成·善本方志辑:第一编.南京:凤凰出版社,2014.

[7] 乾隆续青田县志[M]//中国地方志集成·善本方志辑:第一编.南京:凤凰出版社,2014.

[8] 乾隆缙云县志[M]//中国地方志集成·善本方志辑:第一编.南京:凤凰出版社,2014.

[9] 续青田县志、缙云县志、庆元县志[M].海口:海南出版社,2001.

[10] 丽水地区志[M].杭州:浙江人民出版社,1993.

［11］旧唐书［M］//二十四史全译.上海:汉语大词典出版社,2004.

［12］新唐书［M］//二十四史全译.上海:汉语大词典出版社,2004.

［13］宋史［M］//二十四史全译.北京:同心出版社,2012.

［14］明史［M］//二十四史全译.北京:同心出版社,2012.

［15］清史稿［M］.北京:中华书局,1977.

［16］处州乡土史［M］.北京:中国档案出版社,2008.

［17］中国:传统与变迁［M］.北京:世界知识出版社,2002.

［18］处州十大历史名人［M］.北京:中国文史出版社,2016.

［19］历史名人与处州［M］.杭州:浙江古籍出版社,2008.

［20］二十五史与处州［M］.北京:中国文史出版社,2012.

［21］处州矿徒起义［M］.杭州:浙江人民出版社,1994.

［22］何澹与南宋龙泉何氏家族［M］//宋代历史探求:邓小南自选集.北京:
    首都师范大学出版社,2015.

［23］浙江古寺寻迹［M］.杭州:浙江古籍出版社,2018.

［24］文天祥集［M］.南京:凤凰出版社,2020.

后　记

　　生活在丽水非常有幸,这里的绿水青山是金山银山,这里的山光水色如诗如画,这里的山山水水催生了独特的浙西南文化。

　　在《丽水有掌故》即将付梓之际,我心里百感交集,因为这本写作断断续续、花了五年之久的小书终于能够与读者见面。

　　丽水是一个非常特殊的地方,历史上地名改动频繁,从处州、括州到丽水,不同时期的名字很容易混淆。书中为读者阅读方便起见,许多地方直接称为"丽水",并不准确。

　　这本小书之所以能完稿,完全是站在前人和诸多老师的肩膀上,他们著书立说,他们的研究成果,以及散落在处州大地的各种文化遗迹,促成了这本书能成为一个体系。

　　在写作的过程中,得到了诸多师友的帮助。浙江工商大学出版社鲍观明社长以及大众读物工作室主任沈娴多次鼓励我完成书稿的写作,责任编辑孟令远对书稿进行了精心编辑;2020 年 10 月,九十岁高龄的原地区人大工委副主任、《丽水市志》主编虞文喜老先生,专门帮助审阅书稿,勘正了不少史料,并提出了许多修改意见;丽水市教研室高级教师、八十八岁高龄的吴克裘老师审阅书稿后提出诸多意见和建议;程昌福、傅为新、陈炜、蓝跃军、许小锋、郑承春、陈峰等同事、朋友为本书提供了许多精美的照片。本书也是丽水市委宣传部四个一批人才扶持项目,得到许多领导的关心;写作过程中,家人给予我极大的支持,使我能脱离家庭琐事。在此一并表示衷心的感谢!

胡建金
2022 年 1 月

图书在版编目(CIP)数据

丽水有掌故 / 胡建金编著. —杭州：浙江工商大学
出版社，2022.4
ISBN 978-7-5178-4892-9

Ⅰ.①丽… Ⅱ.①胡… Ⅲ.①丽水—地方史—掌故
Ⅳ.①K295.53

中国版本图书馆 CIP 数据核字(2022)第 054874 号

丽水有掌故

LISHUI YOU ZHANGGU

胡建金 编著

出 品 人	鲍观明	
策划编辑	沈　娴	
责任编辑	孟令远	
封面设计	观止堂_未泯	
责任校对	韩新严	
责任印制	包建辉	
出版发行	浙江工商大学出版社	
	(杭州市教工路 198 号　邮政编码 310012)	
	(E-mail:zjgsupress@163.com)	
	(网址:http://www.zjgsupress.com)	
	电话:0571－88904980,88831806(传真)	
排　　版	杭州朝曦图文设计有限公司	
印　　刷	浙江海虹彩色印务有限公司	
开　　本	710mm×1000mm　1/16	
印　　张	15.5	
字　　数	191 千	
版 印 次	2022 年 4 月第 1 版　2022 年 4 月第 1 次印刷	
书　　号	ISBN 978-7-5178-4892-9	
定　　价	68.00 元	